B. Wongar · Babaru

B. Wongar

Babaru

Geschichten aus
Schwarzaustralien

Aus dem australischen Englisch
und mit einem Nachwort von Maria von der Ahé

EDITION ISELE

Die Originalausgabe erschien unter
dem Titel »Babaru« im Verlag
Angus & Robertson, an imprint
of HarperCollinsPublishers Pty Limited,
Sydney (Australien)
Bei den Zeichnungen handelt es sich um
Felszeichnungen aus Arnhem Land (Nordaustralien)

Umschlaggestaltung: Thomas & Thomas
Design, Heidesheim
Druck: Clausen & Bosse, Leck
ISBN 3-86142-099-6

INHALT

Ich bringe dich in kahles, wasserloses Land.
Klage-Sprechgesang, Nord-Australien

Lieber B. Wongar,

die ›Babaru‹-Geschichten besitzen ein tiefes Gefühl für Weite und Landschaft. Sie sind das reinste topographische Schreiben, das ich kenne – ja, vielleicht seit Robinson Crusoe überhaupt.
Aber es gibt noch eine andere Einsamkeit in Ihrem Buch; die Einsamkeit eines unterdrückten Kindes, auch wenn die Stimme dessen, der die Geschichten erzählt, die Stimme eines erwachsenen Mannes ist. Eine eigenartige Stimme, leise, fast ohne Ton, die aus dem Mund eines einzelnen Wanderers kommt, der sie an einen unsichtbaren »Begleiter« richtet – er erschafft sich diesen sogenannten Kameraden, indem er ihm von seinem Leben erzählt, einschließlich der Landschaft, der Tiere, der Familie.
Ihre Geschichten sind poetische Berichte, die aus einem Busch-Radio kommen und 5000 Meilen weit entfernt gehört werden können. Ich höre Ihren Radio-Geschichten noch immer zu. Ich danke Ihnen für dieses Flüstern, das an Tschechow erinnert.

PETER HANDKE

Der See

Hinter dem Ranger muß ein böser Geist her sein. Gestern nacht erschien er mir im Traum und fluchte: »Sie kommen mich holen! Vertreib die Teufel, beeil dich!«

Ob Mensch oder Geistwesen – es dauert lange, vom Berg Wawalag herunterzukommen, die weite sumpfige Ebene zu durchqueren und noch darüber hinaus zu laufen, bis fast an den Rand des Horizonts, wo das Land auf das Meer trifft, um schließlich das Kliff zu erreichen. Das ist fast das halbe Stammesland, Gamitj. Schade, daß der Ranger nicht in der Nähe wohnt – in der Zeit, die ich unterwegs bin, könnten wir den größten Barramundi verspeist haben und schon wieder hungrig sein.

Die Sonne eilt auf ihren höchsten Punkt zu. Aber wie heiß es heute auch immer werden wird, es kann mich dennoch nicht davon abhalten, meine Reise fortzusetzen. Es ist für den Ranger und mich ein Glück, daß es hier so viele Bäume gibt – man kann durch die ganze Ebene von einem Schatten zum anderen laufen. Hier draußen werden die Papierrindenbäume hoch – die obersten Äste reichen bis fast an den Himmel, um uns vor der Hitze zu schützen.

Mein eines Knie ist gefühllos geworden – wahrscheinlich laufe ich zu schnell. Ich sollte besser mal anhalten, um zu verschnaufen, mich ein Weilchen gegen einen der Papierrindenbäume lehnen, aber nicht hinsetzen, denn an einem so heißen Tag döse ich leicht ein. Einige dieser Bäume sind sehr hochgewachsen – um sich noch höher strecken zu können, werden sie den blauen Baldachin des Himmels anheben müssen. Schade, daß der Ranger nicht hier ist. Er streichelt gerne die Stämme der Papierrindenbäume und sagt: »Jeder von ihnen ist einer von uns – hier gibt es mehr Bäume als alle lebenden schwarzen und weißen Seelen zusammengenommen.«

Der Wind peitscht die obersten Äste. Sie schwingen hin und her und lassen dadurch die Sonne in den schattigen Wald. Wie werden sich die Bäume fühlen, wenn der Ranger stirbt? Sie brauchen ihn, vielleicht nicht so, wie sie Sonne und Luft brauchen, aber um zu wachsen, tut es gut, wenn man jemanden um sich hat, der einen dann und wann streichelt. Der weiße Mann hat mir nicht viel über den Fluch mitgeteilt, der ihn ereilt hat, aber etwas ist ganz sicher hinter ihm her. »Halt mir diese verdammten Gespenster vom Leib – vor allen Dingen euren *marngit*«, Medizinmann, sagte er im Traum.

Ich muß diesen Marsch hinter mich bringen. Ein oder zwei Ruflängen vor mir führt der Pfad an Birany vorbei, einem großen See. Dann zieht er sich an der Wasserkante entlang bis vor zum Kliff. Ich werde wieder schneller sein, wenn ich erst meinen Durst gestillt habe. Der Ranger wird durchhalten, er war schon einmal in Lebensgefahr – vor vielen Monsunen biß ihn eine Schlange. Damals war Baba, mein Vater, in seiner Nähe. Beim Aufstieg auf den Berg Wawalag rannte er sich fast seine alte Seele aus dem Leib. »Komm runter und heile ihn – dieser Mann tut weder uns noch dem Land was an.«

Obwohl er weiß ist, muß der Ranger fast sein ganzes Leben im Busch verbracht haben. Das kann man daran erkennen, wie er mit den *dudji*, Feuerhölzern, umgeht. Eines dreht er zwischen den Handflächen, das andere preßt er zwischen seine Knie gegen den Boden. Wenn die Flamme zündet, schmeißt er nur ein paar Zweige drauf und läßt sie langsam durchglühen – ob ein Mann ans Buschleben gewöhnt ist, kann man daran ablesen, wie groß sein Feuer ist.

Das Wasser schmeckt warm. Davon trinke ich besser nicht zu viel – ein voller Bauch macht lahm. Der Ranger wird bereits seinen Wasserkessel aufgesetzt haben, wenn ich seine Hütte auf dem Kliff erreiche. Er versäumt nie, mir Tee anzubieten. In seinem Landrover hat er alles, was man dafür braucht – Tassen, Zucker und eine Schachtel Kekse. Rauch, der zwischen den Ästen hängt, verrät mir, wenn er da ist. Ich bin nicht sicher, ob er das Feuer anzündet, um mich vom Berg herunterzulocken, oder ob er sich selber einen Tee kocht. Es könnte beides der Fall sein – er vergißt nie, mich willkommen zu heißen. »Nimm dir soviel Würfelzucker wie du willst«, sagt er immer, wenn wir Tasse um Tasse aus dem vom Feuer geschwärzten Kessel schlürfen. Letzte

Nacht aber klang seine Stimme anders, steif vor Angst: »Komm schnell her, sie schmeißen mich in die Lagune!«

Noch kann man das Kliff nicht sehen, aber es sollte bald sichtbar werden. Man braucht sich nicht zu sorgen, wenn man auf dem richtigen Pfad ist. Man folgt dem Waldrand dort, wo die Bäume sich über das ruhige Wasser von Birany beugen – der See erstreckt sich weiter als das Auge reicht, und für diejenigen von uns, die ihn mit dem Boot überqueren, ist es eine gute Tagesreise bis ans Ende. Vom Berg aus gesehen sieht er aus wie ein Aal, der aus dem Meer gekrochen ist und auf der Ebene liegt – er reicht fast bis an den Fuß des Berges Wawalag. Warum nennt der weiße Mann ihn »Lagune«?

Ich muß eine Weile rasten – mein Knie fühlt sich komisch an. Auf dem Rückweg durch die Hügel werde ich nach Eidechsenfett Ausschau halten, um mein armes Bein damit einzureiben und es im heißen Sand einzugraben. Das bringt meist wieder Leben in die Glieder, egal, was damit los ist. Ich werde den Ranger bitten, näher zu mir zu ziehen – es gibt viele hochgelegene Plätze in der Ebene, wo er seine Hütte aufbauen kann und sicher vor den Fluten ist. Baba hat auch schon versucht, ihn dazu zu überreden. Die beiden waren dicke Freunde – der weiße Mann hatte immer Tabak dabei, und oft saßen sie den ganzen Tag im Schatten eines Banyan-Baumes und rauchten. Mein Vater schenkte dem Ranger eine Macassan-Pfeife. Ein Krokodil – unser Totem – war darauf eingeschnitzt; es war die gleiche, die der alte Mann für sich selber machte.

Die Tageshitze macht mich schläfrig. Ich muß mir ein wenig Wasser ins Gesicht spritzen, das wird helfen. Hier geht man nicht ins Wasser. Auch der Ranger weiß, daß er sich von diesem Wasserloch fernhalten muß. Wenn ihm nach Schwimmen zumute ist, sucht er sich einen anderen Teich. Für ihn ist Birany zwar nicht heilig, aber der weiße Mann würde *baru*, die Krokodile, nicht verärgern, sie sind auch sein Totem. Eines davon trägt er sogar auf seine Brust gemalt, genau wie die alten Männer, wenn sie sich für eine Zeremonie zurechtmachen, obwohl sich das Tier scheinbar nie von seiner weißen Haut abwäscht. Vielleicht wurde der Ranger bereits mit seinem *baru* geboren, oder einige unserer Geistwesen haben ihm einen speziellen Gefallen erwiesen und ließen das Bild des Reptils in seine Haut einwachsen.

Heute ist das Wasser modrig. Normalerweise sieht es nur während der Regengüsse so aus, aber der Monsun ist noch nicht gekommen. Es kann noch einen ganzen Mond dauern, bevor der Regen einsetzt. Bevor das passiert, wird ein Boot vorbeikommen – bei gutem Wetter sieht man es vom Berg Wawalag aus, eine Schildkröte, die sich ihren Weg zum Ufer bahnt.

Ich habe das Boot nie am Kliff vor Anker gehen sehen. Aus der Entfernung sieht das Schiff klein aus, aber mein Vater sagt, es ist größer als Rangers Hütte auf dem Kliff. Es sieht aus wie ein geschwollener Bauch und hat Platz für ganze Stapel Zuckersäk-ke, Tee und Dosennahrung. Der Landrover des Rangers kam auch auf dem Boot, ebenso sein großes Kanu, in dem er sich während der Regenzeit durch unser Land bewegt. Als das Boot das letzte Mal hier war, bat er mich zu kommen und es anzuschauen, aber das gefiel Baba nicht: »Du bleibst auf deinem Berg Wawalag, dort ist *marngits* Platz.« Nicht lange danach, als er starb, befahl er mir noch einmal: »Bleib' unserer Welt treu.«

Wenn ich mich sehr beeile, kann ich das Kliff am Abend erreichen. Bis dahin muß der Ranger durchhalten, egal, was passiert ist. Vielleicht... ja, das Boot könnte eingelaufen sein, und um mich herzulocken, gibt der weiße Mann vor, krank zu sein. Es mag für einen Medizinmann nicht angehen, in ein Boot zu steigen – das Ding schwimmt und fährt schnell; bevor man sich versieht, ist man auf offener See, und was würde Gamitj-Land ohne mich, den Heiler, dann tun?

Ich muß nochmal das Ufer runterklettern und trinken. Das Wasser hat sich von den Wurzeln zurückgezogen – mit einer Hand kann ich mich daran festhalten und mich herunterbeugen, um die andere in Birany zu tauchen. Wenn man sich über den Teich beugt, um zu trinken, muß man schnell sein; *baru* mögen nicht, wenn wir nahe ans Wasser kommen – das Wasserloch ist ihr Zuhause, und oft sieht man sie am Ufer sonnenbaden oder sich im Schlamm wälzen. Keines von ihnen ist heute zu sehen, obwohl sie nicht weit weg sein werden. Krokodile verstecken sich oft unter den Blättern der Seerosen, und nur die Schnauze und ein Paar Augen gucken raus. Sie verfolgen alles, was ins Wasser taucht, bereit, sich wütend darauf zu stürzen.

Der See muß seit Tagen trüb sein. Eine Schlammschicht hat die Seerosenblätter bedeckt. Der Schlamm wird Baba ärgern, denn auch er ist unten im Wasser. Wenn ein Gamitj-Mann stirbt, geht seine Totemseele in Birany ein und wird ein Krokodil. Ein ganzer Stamm unserer Männer ist dort unten – der Teich ist jetzt ihre Heimat und uns allen heilig. Auch der Ranger hält sich vom Wasser fern, obwohl er den See durch einen schmalen Kanal vom Gezeitenfluß aus, der in der Nähe des Kliffs fließt, erreichen kann. Einmal sah ich ihn einen Büffelkadaver an den Rand des Sees ziehen und den Krokodilen vorwerfen: »Dein Baba war ein guter Mensch, er hat das ganze Tier verdient.«

Endlich ist das Kliff zu sehen – doch noch ziemlich weit entfernt. Eigentlich sollte dort eine Fahne im Wind flattern. Der weiße Mann muß sich heute morgen zu krank gefühlt haben, um sie zu hissen. Damals, als er diesen Schlangenbiß hatte, hißte Baba sie für ihn. Aber er tat das zu schnell, so daß das Seil sich verknotete. Ich mußte den Mast hochklettern, um die Fahne zu befreien, und kam dann zu schnell herunter – ja, damals habe ich mein armes Knie kaputt gemacht.

Ich werde dem Ranger berichten, daß das Wasser schlammig ist – vielleicht kann er etwas dagegen tun. Der weiße Mann sagt oft zu mir: »Du kümmerst dich um die Menschen, ich um Bäume und Tiere – dem Gamitj-Land ging es noch nie besser.«

Als er im Busch ankam, tat er sich schwer, »Birany« zu sagen, und den See nannte er »Lagune«, denselben Namen benutzte er für den Fluß. Baba mochte das nicht; die zwei Männer saßen oft im Schatten des Banyan-Baumes, schauten über das ruhige, mit Seerosen bedeckte Wasser, und jeder wiederholte die eigenen Worte dafür. Gut, daß es dem Ranger doch dämmerte, daß der See nicht nur ein Streifen abgestandenes Wasser ist, sondern der Platz, wo wir alle am Ende hinkommen. Er wird mit uns mitkommen – Krokodile sitzen nicht im Schatten oder rauchen Pfeife, sondern er und Baba werden zusammen sonnenbaden und sich über die besten Schlammwälzplätze austauschen.

Halt mal, jemand ist hiergewesen – Fußabdrücke auf dem Sand führen in den See. Es kann nicht der Ranger gewesen sein, seine Stiefel haben ein Wabenmuster, aber diese hier sehen glatt aus. Wer immer hier war, hat irgendetwas aus dem Wasser gezogen und ist zurück in den Busch gelaufen. Auf dem Rückweg werde ich die Spur verfolgen. Der weiße Mann muß darüber informiert werden. Er wird schnell wie der Wind hier sein, um den Eindringling zu verscheuchen, auch wenn er hinter ihm herkriechen muß: »Der Busch ist Totem für uns alle – informiere mich, wenn irgendjemand das verletzt«, sagt er oft. Schade, daß der Ranger nicht hier im Busch lebt, um auf den See aufzupassen. Die gehißte Flagge auf dem Kliff hilft weder den Krokodilen noch uns. Wieviele von ihnen hat der Jäger aus dem Wasser gezogen? Letztes Mal schlich sich jemand her, Baba war mit uns, und obwohl er alt ist, kann er besser Spuren lesen als irgend jemand anderes – kein Mann kann ihm entwischen, es sei denn, er fliegt oder geht ins Meer. Die letzten Jäger wurden über den Fluß und weiter bis ins Hinterland verfolgt – Baba wollte die Jagd nicht aufgeben, aber man sagte ihm: »Das Gesetz des weißen Mannes wird die Diebe fangen«. Tafeln in der Sprache des weißen Mannes wurden an die Bäume längs des Flußufers genagelt, um die Jäger davor zu warnen, in Babas Gebiet einzudringen.

Schade, daß das Reservat nach meinem Vater heißt – der Ranger wollte das, und keine Menschenseele noch ein Geistwesen konnte ihm das ausreden. Hätte man es doch Birany genannt, das wäre ein Wort gewesen, das so viel mehr als ein Menschenname ausdrückt – es beinhaltet eine ganze Welt, heilig für Gamitj-Leute und jede schwarze Seele. Die Menschen, schwarz oder weiß, werden von dem See wegbleiben, weil sie fürchten, daß die Geister der Toten sie bis ans Lebensende verfolgen werden, wenn sie deren heilige Ruhe stören.

Mein armes strapaziertes Bein – ich sollte mich lieber für eine Weile hinsetzen und es massieren. Die Pause müßte mir guttun. Schau, dort liegt ein Netz über den Seerosenblättern.

Vielleicht… ja, es muß weiter unten gespannt worden sein, über diesen Kanal, der zum Fluß führt. Letzte Nacht war Sturm, der hat es hier hochgetrieben. Der Ranger muß seine Hütte hier aufschlagen. Er ißt zwar gerne Hummer und möchte näher am Meer sein, aber ich muß ihn überzeugen umzuziehen. Falls die Jäger mit ihrer Beute entkommen, werden sie zurückkehren. Baba und jeder andere von uns könnte in diesem Netz enden und darauf warten, gehäutet zu werden.

Ein Arm des Sees ist ausgetrocknet, und der kahle, schlammige Boden ist hart geworden. Ja, über diesen Streifen kann ich abkürzen. Vom Kliff her ist weder Rauch noch eine Fahne zu sehen. Es muß dem Ranger tatsächlich etwas Schreckliches zugestoßen sein. Den Bäumen wird es nicht recht sein, wenn er stirbt, dann gibt es niemanden mehr, der sie streichelt. Vielleicht kommt ein anderer weißer Mann, um auf den Busch aufzupassen. Ob er auch einen Büffel in den See schmeißen würde? Auch die Krokodile mögen es, wenn man sich um sie kümmert. Warum hat Baba nie nach dem Ranger gefragt? Er kommt mich oft in meinen Träumen besuchen und berichtet vom Land und jeder einzelnen Stammes-Seele, aber kein Wort über den weißen Mann. Die Krokodile wissen vielleicht mehr über den Ranger als die Menschen, und es gefällt ihnen nicht. Nein, ich könnte nie auf das Schiff gehen. Wir haben unsere Welt, an der wir festhalten müssen, wie Baba sagte.

Was ist mit der Hütte des weißen Mannes passiert? Von hier aus müßte man sie sehen. Baba sagte mir, daß die Hütte in den Fluß geschleudert wird, wenn eines Tages ein richtiger Sturm kommt. Niemand baut sich seine Hütte mitten auf ein Kliff. Warum hat er nie mehr über den Ranger gesprochen. Ich glaube nicht, daß er es mochte, daß der weiße Mann der Boß des Gamitj-Landes war und sich um unsere Bäume kümmerte. Wenn Baba etwas zu sagen gehabt hätte, würde er einen schwarzen Mann dafür ernannt haben oder noch besser das Land den Stammes-Ältesten überlassen haben und mir, *marngit* – wer weiß mehr über den Busch als wir?

Zwei große Bäume sind entwurzelt worden, und einer von

ihnen liegt etwa eine halbe Ruflänge vom Ufer entfernt im See. Hier muß ein ziemlicher Sturm getobt haben, obwohl davon fast gar nichts am Berg Wawalag zu spüren war. Die Stürme kommen immer vom Meer her und peitschen nach der langen Reise über das Wasser gegen die Küste. Dann erschöpfen sie sich, indem sie hier und da ein paar Bäume ausreißen. Nur die Stürme während des Monsuns sind stark genug, um auch das Inland und die Berge zu erreichen.

Wo wird der Ranger seine Vorräte aufbewahren, wenn die Hütte weggeflogen ist? Das Boot kommt nicht oft, und der Vorrat, der bald eintrifft, muß ihm für die Regenzeit reichen. Vielleicht muß er aus jungen Bäumen eine neue Hütte bauen und sie mit Baumrinde bedecken. Schade, daß Baba nicht hier ist. Er versprach dem weißen Mann, daß er ihm im Tausch gegen eine Stahlaxt eine bauen würde. Aber nachdem er so viele Jahre lang darauf gewartet hatte, daß man ihm sagte, wo die Hütte errichtet werden sollte, starb er, ohne sich revanchieren zu können.

Das muß eine höllische Nacht gewesen sein, als der Sturm das Kliff traf. Der Wind entwurzelte den Banyan-Baum, und die Äste drückten die Hütte ein. Einige Wellbleche müssen sich schon vorher gelöst haben und wurden in Richtung des Flusses weggeweht. Eines hat die Krone eines Papierrindenbaumes getroffen, einige Äste abgehauen und sitzt nun in den oberen Teilen des Baumes fest.

Regale voller Krokodilhäute liegen verdeckt inmitten des zerborstenen Holzes und verbogenen Blechs der Hütte. So viele, getrocknet und eng zusammengepackt, damit sie auf der langen Reise nicht auseinanderfallen. Wofür brauchen die Weißen sie? Krokodile haben kein Fell, aus dem man Bettvorleger machen kann, und wenn man je versucht, auf ihnen auszuruhen, wird der Geist des toten Tieres in einen reinkriechen.

Einige der Häute sind aus einem Stapel herausgefallen und liegen im Busch verstreut. Eine steckt auf dem Fahnenmast und weht im Wind, gefangen in den Seilen. Ich muß hochklettern und sie runterholen, dann den Rest der Häute einsammeln und zum See hinunterbringen. Der Ranger muß auch zum Wasser hinuntergegangen sein, aber weder er noch seine Spuren sind zu sehen. Er wird dies alles den Krokodilen erklären müssen oder... ja, die Tiere wußten bereits alles – diese Büffelgeschichten waren nur ein Köder.

Der Wind frischt auf und läßt die Haut auf dem Mast flattern. Ich bezweifle, daß das Schiff je wieder zum Kliff kommen wird. Die Weißen würden es nicht mögen, mit Säcken voll Zucker und Tee und Stahläxten zu kommen, wenn sie nichts zum Abholen haben. Schade, daß sie keinen schwarzen Mann zum Ranger gemacht oder uns das Gamitj-Land überlassen haben, damit wir uns darum kümmern.

Balandja, die Kakadus

Das Wasser steht noch im Tal. Es lastet auf ihm wie ein riesiges Überbleibsel, das während der letzten Regenzeit die Hügel herunterstürzte und keinen Abfluß fand. Irgendetwas muß mit dem Fluß passiert sein, er fließt nicht mehr. Am unteren Ende des Tales bildeten zwei hohe Felswände an beiden Ufern eine Kluft. Ein Felsen mag herabgestürzt sein und den Weg versperrt haben. Dadurch wurde das ganze Areal oberhalb in einen See verwandelt, was noch nie zuvor passiert ist. Immer ist der Fluß durchgeflossen, nicht erst seit meiner Geburt, sondern schon lange vorher – während *lalai*, der Zeit der Stammes-Geistwesen.

Vielleicht bin ich gar nicht in Gidja, meinem Stammesland, sondern wandere irgendwo herum, wo ich nicht einmal in meinen Träumen gewesen bin. Vielleicht bin ich... zwar nicht verrückt geworden, aber ein bißchen seltsam, so in der Art von alten Frauen, wenn sie senil werden. So etwas passiert auch bei Tieren; sogar die Hunde stumpfen ab, bevor sie sterben.

Quer über dem Wasser schwebt ein Hügel im Dunst. Er kann nicht weit weg sein, aber wenn man nicht gut sieht, bekommen die Dinge um einen herum ein merkwürdiges Aussehen. Die Weißen haben mir eine Brille gegeben, aber sie taugt nichts, wenn man damit versucht, das eigene Land zu betrachten. Sie nützt vielleicht beim Stricken oder Lesen – wenn man das kann. Die Hügel in der Ferne sehen aus wie eine Wolke, die sich am Horizont zu einer zerklüfteten Linie formiert hat und... ja, das ist doch Gidja-Land. Ich habe oft befürchtet, daß ich nie zurückkehren würde und meine Seele dazu verdammt wäre, in der Welt des weißen Mannes herumzuirren ohne *djojmenu*, einen ihr eigenen Platz, wo sie hingehen kann.

Der Hügel jenseits des Wassers besteht aus einem einzigen Felsen, groß wie ein Berg, wir nennen ihn Anguban, die Wolke. Von hier aus kann es nicht mehr weit sein, weniger als die Ruflänge eines Kakaduschreis – schade, daß es keinen Weg gibt, um das trübe Wasser zu durchqueren. Es wird Tage dauern, bis ich zur Schlucht runter- und um den See herumgelaufen bin.

Der Wasserspiegel des Sees ist in letzter Zeit ein gutes Stück gesunken. Dabei hat er einen Streifen Schlamm freigelegt, dessen trockene Oberfläche aussieht wie eine zerbrochene Schiefertafel und der sich rings um den See bis zur Kante der überragenden Felswand dahinschlängelt. Um weiterzugehen, müßte man einen Weg bahnen, den zuvor noch nie jemand betreten hat; kein Mensch, Tier oder... sogar ein Geistwesen würde diesen Weg nicht gerne entlanggehen. Ich muß aufpassen, wo ich hintrete – unter der krustigen Oberfläche ist der Boden weich, und meine Füße sinken oft tief in den Dreck. Ich frage mich, ob es eine bessere Möglichkeit zum Laufen gibt. Dort oben auf der Hügelkette gibt es einen Plateauweg, der genau in die Schlucht runter führt, aber der Rand der Böschung ist sehr steil. Vor Jahren, als Kind, kletterte ich hoch, um über das Tal zu schauen, aber jetzt würde ich es nicht mehr schaffen.

Ein Vogelschwarm hat sich vom Plateau erhoben, den Felsen überflogen und ist ins Tal abgetaucht. Es sind *balandja*, weiße Kakadus. Seit Jahren habe ich sie nicht mehr schwarmweise gesehen, nur in Käfigen. Die Vögel fliegen herum und flattern mit den Flügeln über mir in der Luft. Dann und wann kreischen sie, und der Ruf kommt von den Felswänden als Echo zurück und hallt über den See, der einst ein Tal war. Die Kakadus sind die ersten, die bemerken, wenn jemand ins Gidja-Land kommt, und jetzt hat sich die Neuigkeit bei den Stammesleuten herumgesprochen, die mir entgegenkommen werden, um mich zu treffen. Einige müßten in der Nähe sein, der Stamm war sehr groß.

Irgendetwas muß die *balandja* erschreckt haben. Jetzt kreischen sie alle auf einmal und versuchen, steil in den Himmel aufzusteigen. Ich hoffe, ich habe ihnen keine Angst eingejagt. Es ist Jahre her, fast ein Leben lang, daß ich sie fing. Damals war ich ein junges Mädchen, und die Vögel müßten das wissen – sie haben ein besseres Gedächtnis als die Menschen. Wenn sie jung sind, kann man ihnen das Sprechen beibringen. Nicht lange, nachdem die Weißen ins Tal gezogen waren, gaben sie einem für ein Kakadu-Küken in der Kantine unten im Lager des Aufsehers drei Flaschen Coca-Cola. Manchmal bekam man zusätzlich noch

eine Handvoll Würfelzucker. Der Mann hinter dem Tresen tätschelte mir immer die Wange, wenn ich ein Küken brachte. Wir wunderten uns, warum die Weißen ganz verrückt nach *balandja* waren. Vielleicht wollten sie die Küken sprechen lehren und dann in den Busch zurückschicken, damit sie den Gidja-Leuten auf der Spur blieben. Vielleicht wollten die Weißen unser Geheimnis wissen – wie unser *maba*, der alte Mann, die Regenzeremonie sang und tanzte, um die Himmelsschleusen zu öffnen. Jeder vom Stamm glaubte, daß er das konnte.

Die Vögel haben sich auf einer Baumspitze niedergelassen, die aus dem Wasser hervorschaut und die fahle Farbe von Holz hat, aber ohne Blätter und Rinde. Sie beobachten, wie ich mich am Rand des Wassers entlangquäle und dann... sind sie wieder in der Luft, flattern mit den Flügeln, um noch höher zu kommen, und fliegen quer über das Wasser in Richtung Anguban, den Wolkenhügel. Die Vögel scheinen zu wissen, daß das mein Ziel ist, und wollen mir den Weg zeigen. Die Kakadus haben tiefe blaue Augen und blinzeln selten; sie haben eine Menge gesehen und wissen mehr als die Menschen. Die meisten stammen aus unserem Volk. Wenn Menschen alt werden – so wie ich – und zu nichts mehr nütze sind, machen sie sich auf den Weg zu Anguban, um zu sterben. Dort unter dem Hügel ist *bandja*, eine große Begräbnishöhle, und wann immer einer von uns stirbt, flattert ein Kakadu aus den Felsspalten heraus und gleitet ins Tal zum Schwarm.

Die Sonne sinkt hinter die Hügel, und der Tag ist fast vorbei. Ich sollte mir einen Lagerplatz suchen. Sich hier fortzubewegen, ist, wie am Rand eines Sees entlangzulaufen, nachdem die langen Tage der Dürre das meiste Wasser aufgesogen haben. Dort drüben befand sich früher ein großer See, der sich die Felswände entlang erstreckte – ein ziemlicher Sumpf, fast einen halben Tag lang und einen Vogelschrei breit. Wenn man vom Hügel auf ihn herunterschaute, schien es kein See zu sein, sondern ein heller Fleck in der Ebene des grünen Tales. Es sah aus, als ob ein Krokodil aus dem Wasser heraus durch den Busch gekrochen war und sich dann am Fuß der Felswände zum Sonnenbaden niedergelegt hätte.

Wir gingen oft zu dem See, um Wasserlilien zu sammeln und Schildkröten zu suchen. Zu Beginn der Trockenzeit, nicht lange nachdem die *wulun*, die Papierrindenbäume, ihre Blüten verloren hatten und mit dem Landwind einen süßen Duft über das Tal verteilten, kamen immer die Pelikane. Wir kampierten genau dort unten... am Fuße dieser riesigen Baumstümpfe. Die Holzkohle des Lagerfeuers wird noch dort sein. Die Glut erstirbt niemals – sie ist unvergänglich wie die Felsen, aber jetzt sitzt der Schlamm obendrauf. Die *wulun*-Bäume... alle scheinen noch dort zu sein, mit dem unteren Teil der Stämme im und dem Rest außerhalb des Wassers. Arme Bäume – keine Blätter, keine Rinde, nur blanke Äste.

Die *balandja* sind zurück. Sie flattern herum und schlagen mit den Flügeln in der Luft, und dann versammelt sich der ganze Schwarm auf einem abgestorbenen Baum. Sie sind wie Kinder – sie schubsen einander herum, um den besten Sitzplatz zu erwischen, sie nörgeln und streiten, der Ast unter ihnen biegt sich runter und schlägt ins Wasser. Dann sind sie wieder in der Luft, kreischend und streitend. Sie umfliegen mich, der ganze mekkernde Haufen. Vielleicht versuchen die *balandja,* mir etwas mitzuteilen – was mit dem Gidja-Land passiert ist und wo der Stamm hingegangen ist. Die Vögel sind diejenigen, die all das wissen.

Das Wasser reicht bis an die Felswand, und der Schlammstreifen hört hier auf. Ich werde die Felsen hochklettern und am höher gelegenen Teil des Abhangs entlanggehen müssen. Das ist nicht schlimm, ich weiß noch, wie das geht – man muß sich mit beiden Händen und Füßen an den Felsen hochziehen.

Die Sicht von oben ist viel besser. Jetzt kann man jeden einzelnen Baum im Tal erkennen, der ganze Wald schwimmt auf dem schattenhaft dunklen Wasser. Einige Bäume haben ihren aufrechten Wuchs verloren und lehnen mit den knochigen Ästen halb auf dem nächsten Stamm. Von hier aus gleichen sie *jadara ameri-gamari*, aufgespießten Eidechsen. Ein langer Streifen roten Plastiks, der vom Sturm von irgendwoher über das Wasser getragen wurde, hat sich um die Äste eines Baumes geschlungen. Die losen Enden flattern im Wind und schlagen gegen das trockene Skelett des Eukalyptusbaumes. Hier kamen wir früher von weit her hin, um nach jungen Kakadus zu suchen. Ein Mann, den sie Schnee nannten, weil seine Haare die Farbe von ausgeblichenem Stroh hatten, fuhr mich in seinem Landrover im Tal herum. Überall, wo wir hingingen, nahmen wir ein Beil mit. Kakadus nisten in hohlen Bäumen, und oft mußte der obere Teil des Baumes abgeschlagen werden, damit ich mit meinem Arm ins Innere des Stammes greifen konnte, um ans Nest zu kommen. Es gibt immer zwei Küken. Warum das so ist, weiß ich nicht – das ist einfach so bei den *balandja*.

Die fahle Sonne hockt eine Weile auf Anguban, dann verkriecht sie sich zur Nachtruhe hinter den Hügel. Umgeben vom Wasser, sieht der Hügel fremd aus und kleiner, so als ob er von den Weißen gestutzt worden sei. Die alten Männer unseres Stammes sagen, daß es vor langer Zeit – bevor die Vögel, Bäume oder diese Felsen zum Leben erwachten – jahrelang nicht geregnet hatte. Wann immer eine Wolke am Himmel erschien, warf Kakadja, einer der bösen Geister, ein Lasso aus Haaren nach der Wolke und zog sie vom Tal weg, noch bevor ein Tropfen Wasser herunterfallen konnte. Einer unserer Ahnen, genannt Wondjin, lauerte auf dieser Felswand. Er sah, wie die Wolke weggezogen wurde und schleuderte seinen Speer in den Himmel. Er hatte gut getroffen. Das Seil zerriß, und die Wolke plumpste auf den Boden. Dort liegt sie noch immer in Form dieses zerklüfteten Berges. Das Wasser brach heraus, eilte dem Meer entgegen und schuf dabei ein riesiges Tal, als es Gidja-Land durchquerte.

Ich wünschte, ich könnte ein Feuer anzünden. Dann könnte der Schein von den Gidja-Leuten gesehen werden, falls es hier noch welche gibt. Als Kinder hat man uns beigebracht, wie man ein trockenes Stück Holz zwischen den Handflächen dreht und am Boden hart gegen einen Baumstamm preßt. Wenn man weiß, wie es geht, dauert es nicht lange, bis Rauch entsteht. Daran hätte ich eher denken und nach dem entsprechenden Stück Holz Ausschau halten sollen und... jetzt ist es zu spät. Anguban ist fast in der Dunkelheit versunken, nur der scharf geschnittene Gipfel zeichnet sich noch gegen den roten Himmel ab. Man sagt, der Hügel sei hohl, es sei außer *bandja,* der Begräbnishöhle, nichts drin. Nur die Stammesältesten hatten Zutritt, aber am Ende, wenn der Tod bevorsteht, wird dort jeder zur ewigen Ruhe hingebracht.

Mit dem Tagesanbruch sind auch die *balandja* da. Der Schwarm ist größer geworden und hockt auf den Ästen der toten Bäume. Einige von ihnen müssen im Morgengrauen von Anguban aus quer über das Wasser hierhergeflogen sein. Man könnte glauben, der ganze Gidja-Stamm sei in Kakadus verwandelt worden – die Vögel schauen auf mich herab und kreischen wie verrückt. Ich frage mich, worüber sie sich so aufregen – vielleicht beschweren sie sich darüber, daß das Tal im Wasser versunken ist. Kakadus sind keine Pelikane. Sie brauchen Beeren, Körner und ähnliche Nahrung, keine Fische oder Frösche.

Ich sollte mich besser beeilen, um den Hang zur Schlucht hinabzukommen und mich auf die andere Seite des Tales zu begeben. Es ist eine gute Tagesreise bis zu Anguban, wenn nicht mehr. Die Schreie der Vögel hallen noch an der Felswand wider. Niemals habe ich solch einen Schwarm gesehen, und so laut. Vielleicht sind all jene *balandja*-Küken, die ich aus den Nestern geraubt habe, mit ihren Familien zurückgekommen. Die Küken waren ganz klein – sie hatten noch gar keine Federn, nur einen dünnen Flaum auf dem Kopf, dort, wo der Kamm sein würde.

Ich brachte sie zur Hütte, die Snow für mich aus Wellblech und Ästen in der Nähe des Aufseher-Lagers gebaut hatte. Jeden Tag brachte er für uns beide Essen aus der Kantine mit. Es gab jede Menge Kekse, schachtelweise – aber *balandja* essen keine Süßigkeiten, höchstens Brotkrusten. Ich nahm ein kleines Stück, kaute es vor und näherte mich mit meinem Kopf dem Küken. Das Kleine tauchte dann seinen Schnabel zwischen meine Lippen und stürzte sich auf die Nahrung auf meiner Zungenspitze. Die Vögel glaubten, ich sei ihre Mutter. Nachts, wenn sie froren, tapsten sie herum, um mich zu suchen, und krochen unter meinen Rock, um die Körperwärme zu spüren. Ich gab jedem einen Namen – Hembularu, Olun, Laj, Omba, Chiri, Aru, Umudu, Shil, Tjarung… und oft flüsterte ich ihre Namen in der Dunkelheit.

Ich hätte sie den Weißen nicht geben dürfen. Das Gidja-Volk verflucht mich deswegen. Maba sagt, die *balandja* sind unsere Verwandten, und die Weißen nennen es Totem, *lalai*. Viele der Küken, die ich weggab, fanden den Weg zurück in den Busch. Man kann die Kakadus die Worte des weißen Mannes lehren und sie sogar dazu bringen, süße Nahrung zu fressen, aber am Schluß werden sie zurück zu ihrem Schwarm fliegen, so wie wir alle es tun.

Die Schlucht ist nicht mehr weit entfernt – genau dort drüben, wo die Hügelkette sich mit einem Ausläufer tief ins Tal streckt, und auf der anderen Uferseite sieht es fast genauso aus. Es scheint, als ob die Hügel heruntergekommen wären, um einander zu umarmen, und nun im Tal festsitzen. Ich habe meine Brille verloren. Vielleicht ließ ich sie zwischen den Büschen am Hang, wo ich gestern schlief, und sowieso... ich kann ohne sie viel besser sehen. Es ist Jahre her, daß sie mir die Brille in der Stadt verpaßten. Vielleicht sieht man dort nicht gut, weil es nichts gibt, was das Anschauen lohnt. Hier, in Gidja, kenne ich jeden einzelnen Baum und Felsen. In jedem versteckt sich das Geistwesen eines unserer Traumzeit-Ahnen, und man erkennt sie auch am Ton, nicht nur am Aussehen.

Die Schlucht ist nun breiter. Vielleicht wegen der hochgelegenen Uferböschungen des Sees, der von oben drückt, oder vielleicht haben die Weißen irgendetwas Böses damit gemacht. Die Gidja-Ältesten sagen, daß sich zur Traumzeit, die Weißen nennen es Ursprung, dieser böse Geist, Kakadja, von der Ebene am Unterlauf des Flusses heraufschlich und die Stammesleute am See beobachtete. Sie kochten ihren reichlichen Fischfang, in Lilienblätter eingewickelt, in der heißen Asche des Lagerfeuers. Kakadja war immer hungrig und verrückt nach Fisch – er holte die Hügel zu beiden Seiten des Tals herunter und staute den Fluß, um das Gidja-Volk zu ertränken, damit er in Zukunft der einzige sein konnte, der sich am Fisch labte. Einer unserer Traumzeitahnen, der Willy-Willy-Mann, eilte aus der geistigen Welt herbei, um uns zu helfen. Er raste das Tal hinunter, entwurzelte in seiner Wut die Bäume und schmiß die Felsen um. Hinter ihm türmten sich Berge von Staub hoch in den Himmel, die durch die Böschung brachen und eine tiefe Schlucht hinterließen, damit der Fluß wieder abfließen konnte.

Die *balandja* sind nicht mehr zu sehen, aber man kann ihr Kreischen noch hinter den Felsen am Uferstreifen hören. Vielleicht gibt es nicht genug Beeren und Körner für die armen Kerle. Sie können nicht von Felsen und Wasser existieren, und die toten Bäume sind auch keine große Hilfe. Ihr Gekreische klingt schwach – es klingt wie das Weinen von Kindern.

Einmal hat Snow mich weit hinauf ins Tal jenseits des Sees gefahren, und wir kamen in ein Camp, das am entfernten Ende des Flußwaldes lag. Die Lagerfeuer waren seit Tagen erloschen. Es waren nur kleine Kinder zu sehen: einige waren schon verstummt, und ein Schwarm Fliegen umkreiste ihre steifen Körper. In anderen war noch so viel Leben, daß sie schreien konnten, aber es klang schwach und leise wie ein Flüstern. Die Hunde strichen ums Lager und suchten nach Nahrung. Ich fragte mich, was mit den Erwachsenen passiert war und... ja, Snow wußte es – der ganze Stamm war zusammengetrieben und auf Lastwagen verladen worden, um das Tal zu räumen. Die Gidja-Leute waren in ein fremdes Lager viele Wasserlöcher weit entfernt umgesiedelt worden. Selbst ein Erwachsener würde ein Leben lang brauchen, um den Rückweg zu bewältigen.

Ich hätte mich bei den Weißen dafür einsetzen sollen, damit sie mich vom Aufseher-Lager mit Nahrung für die Kinder zurück in den Busch bringen, aber dafür hatte niemand Zeit – alle waren fieberhaft damit beschäftigt, die Flußschlucht noch vor der Regenzeit abzudichten. Schau, dort haben sie einen ganzen Hügel aus Beton zwischen die beiden Felswände gegossen. Jetzt kann man obendrauf von einer Seite des Tales zur anderen laufen. Er ist so hoch, daß ein Stein, den man hinunterrollen läßt, eine ganze Weile die steile Oberfläche des Betons herunterkullert, bevor er in einen Teich fällt. Er ist alles, was vom Flußbett übriggeblieben ist.

Falls Willy-Willy hier wieder vorbeikommt, bezweifle ich, daß er den blöden Damm zerschlagen könnte, um das Tal zu befreien. Der Beton ist steinhart, und die Weißen haben eine Menge Stahl und Schweiß miteingebaut... obwohl, nichts Irdisches könnte diesen mächtigen Ahnen stoppen. Er könnte von einem Ende des Landes zum anderen rasen und es dem Erdboden gleichmachen. Vielleicht weiß er gar nicht, daß der Stamm verschwunden ist. Und die Männer sind nicht mehr hier, um zu singen und ihn zu rufen, oder... selbst wenn er es weiß, es geschieht den schwarzen Menschen soviel Übles, daß es für ihn schwierig ist, da nachzukommen.

Jetzt ist der Anguban-Berg nicht mehr weit entfernt. Wenn die Tageshitze mich nicht umhaut, werde ich vor Sonnenuntergang dort sein. Ich wüßte gerne, was man tut, wenn man in *bandja* hineingeht. Sollte ich wohl singen, um die Geistwesen zu rufen, oder nur ruhig dasitzen, sie weder nerven noch verärgern, sondern darauf warten, daß sie mich bemerken? Ich hätte die Alten fragen sollen – sie wissen, wie man sich benehmen muß, wenn man in die Höhle hineinsteigt. Es ist lange her, seit ich das letzte Mal hier war. Obwohl ich schon damals wußte, daß dieser Tag kommen würde, hatten die Ältesten kein Interesse, mit mir darüber zu reden. Sie hatten recht – ich hätte aufhören sollen, die *balandja*-Küken zu rauben. Nachdem die Vögel das Sprechen gelernt hatten, erzählten sie eine Menge. Kakadus sind sehr geschwätzig. Von ihnen erfuhren die Weißen alles über das Gidja-Volk, den Kakadja-Geist und wie er die Schlucht versperrt hat, um das Tal zu überfluten. Nachdem sie das wußten, taten die Weißen das gleiche. Sie nahmen auch alle Männer des Stammes mit und ließen niemanden zurück, der die Klanghölzer schlagen und singen konnte, um Willy-Willy zu Hilfe zu rufen.

Das Wasser umfließt Anguban. Man muß ein Vogel oder ein Fisch sein, um jetzt zur Höhle zu kommen. Das hätte ich wissen müssen. Der Hügel ruht auf dem Tal, drum herum liegt die Ebene. Es sieht aus, als ob gut die Hälfte des Hügels abgeschnitten wurde, wobei an den abgebrochenen Felsen scharfe Kanten zurückblieben. Auf der rötlichen Oberfläche kann ich einen dunklen Fleck erkennen, der halb vom modrigen Wasser des Sees verdeckt wird. Das ist *bandja*, oder was immer davon übriggeblieben ist. Der Schwarm der *balandja* fliegt von der anderen Seeseite her und umkreist den Hügel. Die Vögel flattern eine Weile in der Luft und scheinen etwas zu suchen, worauf sie hocken können, aber plötzlich ändern sie ihre Meinung und fliegen laut schreiend zurück.

Ich kann nichts anderes tun, als mich hinzusetzen und zu warten. Vielleicht sollte ich singen, zwei Klanghölzern in die Hand nehmen und sie schlagen, um damit meinen Gesang zu begleiten. Vielleicht hört Willy-Willy mich, und wenn er nicht zu sehr damit beschäftigt ist, die Weißen irgendwoanders zu bekämpfen, wird er von der weiten Ebene heranrasen, um den Zementwall vor der Schlucht dem Erdboden gleichzumachen und das Tal wieder zu befreien.

Fünf-Hunde-Nacht

Wie kann eine Seele in einem Käfig leben, der wie ein Zwinger angelegt ist? In Pitjanta, meinem Stammesland, bewegen wir uns frei im ganzen Busch, aber hier stößt man mit dem Kopf an den Maschendraht, egal, wie herum man sich dreht.

Eine ganze Meute von uns ist in dieser Umzäunung eingesperrt – alle Farben und Größen. Wenn die Weißen mich nicht bald umbringen, werde ich von diesen wilden Kötern zerrissen werden.

Die Weißen brüten irgendetwas aus; beide, der Aufseher und sein Chef, sind hier. Sie zeigen durch den Draht auf mich. Vielleicht paßt es ihnen nicht, daß ich immer noch da bin. Jeden Tag wird die kleine Klappe am Ende des Zwingers hochgezogen, und ein paar Insassen werden rausgelassen. Sie rennen in einen Durchgang, bis sie einen Bunker erreichen. Bald danach erhebt sich eine Rauchwolke aus einem Kamin, und der Geruch von verkohltem Fleisch schwebt in der Luft. Warum betreten diese Köter den Ofen? Vielleicht wissen sie, daß sie dort das Ende erwartet, aber... gibt es denn etwas Besseres, auf das sie hier warten könnten?

Der Aufseher ist hereingekommen. Er fuchtelt mit seinem Hundefänger-Gerät herum und schiebt mir die Schlinge über den Kopf. Am besten wehre ich mich nicht, egal, wohin er mich bringt. Ich hätte den Bunker schon vor Tagen ansteuern können, aber ich will nicht, daß meine Asche über die Stadt und die grünen Koppeln dahinter verstreut wird – so weit weg von Pitjanta finde ich vielleicht nicht zurück in unsere eigene Welt und werde Wati, meinen alten Herrn, nicht wiedersehen.

Die Schlinge zieht sich um meinen Hals zu, und der Aufseher stößt mich vorwärts: »Komm raus da, wir wollen hier keinen Ärger«.

Ein Schäferhund schnappt nach meinem Hinterteil; andere Hunde kommen angerannt. Ein Pudel gräbt seine Zähne in meine Schwanzspitze und schwingt damit hin und her, um mich zurückzuziehen. Gott sei Dank komme ich hier heraus. Wenn ich in der

Einzäunung bliebe und zu schwach würde, um mich zu wehren, würden die wilden Biester mich zerfleischen. An dem Tag, als die Weißen mich reinsperrten, sah ich einen von uns. Seinem zerschlissenen Halsband und seiner Marke nach müssen sie ihn vor langer Zeit aus dem Busch geholt haben, er war alt geworden und blind. Die anderen Hunde rotteten sich gegen ihn zusammen – genau wie Menschen, können auch Tiere den Busch riechen und eine fremde Rasse erkennen... Armer, blinder Bursche – ein paar Schnurr-Haare und die Blechmarke waren alles, was übrigblieb.

»Wir werden alles wieder gutmachen.«

Der Aufseher muß mich von seiner Zeit in Pitjanta her kennen. Er hat jahrelang im Busch gelebt und eine kleine Einfriedung innerhalb der Siedlung beaufsichtigt – eine Einzäunung ähnlich dieser hier, worin er Wati und andere Stammesbrüder eingesperrt hatte. Vielleicht tut es dem weißen Mann jetzt leid, mich in diesem Ofen enden zu sehen, vielleicht will er mich lieber aufknüpfen, damit meine Seele zu unserer Meute im Busch zurückkehren kann. Wati, mein alter Herr, muß nachts warmgehalten werden, wo immer er jetzt sein mag. Ich sollte dort sein, um mich an ihn zu kuscheln, wenn die Kälte im Morgengrauen herankriecht.

Die Schlinge würgt mich. Ich könnte sie mit meinen Pfoten lockern, wenn ich nicht vorwärts gezogen würde. Der Aufseher eilt durch eine Tür ins Innere des Gebäudes. Warum müssen die mich wiegen und messen? Niemals zuvor haben sie einen Hund vermessen. Und überhaupt, egal, wieviel man wiegt, hier endet alles auf die gleiche Art: als eine Handvoll Asche. Vielleicht wollen sie mich metzgen – Futter für diese Köter. Der Aufseher schaut seinen Chef kurz an und sagt: »Doktor, er könnte ein paar Kilo mehr vertragen...«

»Sollten Sie ihm nicht einen Maulkorb anlegen?« Der Chef hat einen weißen Kittel an, trägt einen gestutzten Bart und hat eine Brille auf der Nase.

»Alte Dingos werden weise. Sie sind wie diese Abo-Ältesten – kein Kampf.«

Wati war so. Er schrie oder fluchte kaum, er saß einfach da, auf dem Boden der Einzäunung, an einen toten Eukalyptusbaum gekettet, und stimmte dann und wann einen Sprechgesang an. Während des Tages ertrank seine Stimme im Summen der Fliegen und der Hitze der Sonne, aber am Abend schwebte der Gesang durch die Luft und ärgerte den Aufseher. Oft rannte der weiße Mann aus seiner Hütte, packte die Kette und schwang sie vor Watis Gesicht. Vielleicht fürchtete er, daß der Sprechgesang ein Hilferuf an die Stammesbrüder sei, damit sie mit ihren Speeren auftauchten und die Siedlung stürmten.

Jetzt lächelt der Aufseher: »Was für einen schönen borstigen Schwanz du hast. Nachher werde ich dich kräftig bürsten.«

In der Siedlung hat dieses weiße Gesicht immer düster ausgesehen, allerdings kam ich ihm nie zu nahe. Es war immer schon dunkel, wenn ich mich aus dem Busch heranschlich, über den Maschendraht kletterte und über den sandigen Boden des Lagers huschte. Ich brauchte kein Licht, um den Weg zu meinem Herrn zu finden. Ich hob meine Schnauze, sog die Luft ein und folgte der Witterung. Ich konnte Watis Gesicht nicht ganz sehen, aber für meine Zunge fühlte es sich an wie *kampura*, eine wilde Tomate, auf die jemand getreten war. Wunden, die man leckt, heilen schnell. Sand und Schmutz werden weggewaschen sowie dieses Zeug, das die Fliegen hinterlassen und aus dem die Maden schlüpfen. Ich schleckte sogar das Blut weg, das in den buschigen Bart gelaufen war.

»Wir müssen auf Nummer Sicher gehen« – die Augen hinter der Brille blickten auf mich.

»Als wir im Busch lebten, schlief er bei seinem Alten. Ich sah ihn jeden Morgen über den Zaun des Lagers verschwinden. Er ist die einzige Pitjanta-Seele, die übrig ist. Schauen Sie sein Gesicht an, Doc. Der Bastard kennt mich.«

»Sie meinen einen Nachkommen«, korrigierte der Weißmantel.

»Ja, er ist tatsächlich einer der Abos.«

»Putzen Sie ihn ein bißchen heraus!«

Vielleicht ist der bebrillte Mann mein neuer Herr. Ich werde mich nachts an ihn pressen müssen, wie ich es bei Wati tat. Die Nächte im Lager waren kalt; der tote Eukalyptusbaum bot keinen Schutz. Wir kratzten ein Loch in den sandigen Boden, aber nicht tief genug, um wirklich warmzuhaben. Ein Wellblech, aus dem man einen Windschutz machen konnte, würde uns geholfen haben, sogar ein oder zwei Äste hätten für eine gute Nachtruhe gesorgt, aber uns kam nichts dergleichen unter. Im Schlaf wisperte Wati in Sprechgesängen zu unseren *tjamus* – Geistwesen – und beschwor sie, ihn aus dem Lager zu holen, aber sie kamen nie. Vielleicht waren die Nächte zu kalt für unsere Geistwesen, um sich draußen aufzuhalten, oder die Sprechgesänge mögen zu schwach gewesen sein, um sie zum Handeln zu bewegen.

Die Weißen scheinen zu versuchen, vergangene Greueltaten wiedergutzumachen. Man hat mir eine warme Decke gegeben. Ich befinde mich in einem Käfig, der groß genug ist, um sich auszustrecken, aber zu klein, um darin herumzurennen. Der Aufseher badet mich jetzt jeden Tag, er tunkt mich in das warme Wasser der Wanne, während er hart mit der Seife über mein Fell fährt. »Du hast es niemals so gut gehabt«, spottet er und reibt mich mit einem Handtuch trocken. »Das ist nur der Anfang, warte es nur ab«. Die Stimme des weißen Mannes ist weicher geworden, und er lächelt oft. Vielleicht läßt er mich bald aus dem Käfig raus – der Raum, in dem der Käfig steht, wäre groß genug für einen Spaziergang. Ich würde nicht versuchen, aus der Tür zu entkommen – bin zu alt, um zu rennen, und warum kämpfen? Bald werde ich auf dem Weg in die Welt des schwarzen Mannes sein. Wati und jede Pitjanta-Seele sind dort – nur ich bin noch draußen und... das wird jetzt nicht mehr lange dauern.

»Trink deine Milch und iß ein paar Hundekekse.« Der Aufseher zeigt auf die beiden Schüsseln im Käfig.

Wati hatte man auch eine Schüssel gegeben, aber viel größer, fast in der Größe eines Eimers. »Fang Wasser auf, wenn deine Geister den Regen bringen«, sagte man ihm. Die Ältesten kannten die richtigen Worte, um die Geistwesen zu veranlassen, Wolken zu schicken, aber Wati wurde nie erlaubt, laut genug zu singen, um die geistige Welt zu erreichen. Was kann eine einzelne Stimme ausrichten, wenn keine Stammesbrüder mehr zur Unterstützung übriggeblieben sind?

Der Aufseher hat mir eine Kiste mit Sand gebracht und sie auf den Käfigboden gestellt. »Mach' da rein, wenn du mußt, so wie die Katzen.« Der weiße Mann hat mich gelehrt, wie man Hände schüttelt. Jeden Morgen, wenn er hereinkommt, muß ich aufsitzen, eine Vorderpfote ausstrecken und seine Hand für eine Weile schütteln. Menschen machen das oft, aber ich habe noch nie Hunde gesehen, die sich so begrüßen. »Wedel gefälligst mit dem Schwanz – ich bin jetzt dein Herr. Wir gehören für immer zusammen.«

Heute hält der weiße Mann seine Zeitung aufgeschlagen vor den Käfig. »Zwei ganze Seiten über dich, mein Lieber«. Ja, da ist ein großes Foto von mir, auf dem ich eine Schleife am Halsband trage. »Da, laß mich dir vorlesen…«

Sie sagen, daß ich der einzige Überlebende des Pitjanta-Stammes und die Totem-Seele eines Stammesbruders bin. Die Weißen glauben es also doch. Im Busch ist jeder Hund verwandt mit dem schwarzen Mann – wiedergeboren in einem anderen Körper, aber sich immer noch in der Nähe des Lagers aufhaltend und dem Wunsch in sich, Menschen nachts nahe zu sein und sie zu wärmen. Wati kannte alle Verwandtschaftsverhältnisse der Pitjanta, nicht nur die der Menschen, sondern auch die der Tiere, Bäume und Sterne.

Schau, Watis Bild ist auch in der Zeitung, nicht photographiert wie meins, sondern eine Zeichnung, zum Teil unscharf und ohne Narben in seinem Gesicht. Auch die Ketten sind nicht zu sehen – der Stamm des toten Baumes, an den sie ihn fesselten, ist jedoch drauf.

»Die Wissenschaftler bestätigen, daß er in seinen Sprechgesängen tatsächlich um Regen bat. Der Regen kam, obwohl es jetzt Jahre her ist, und der ganze Busch verwandelte sich in grüne Koppeln. Man hat deinem alten Herrn den Orden des British Empire verliehen, postum natürlich.«

Ich bezweifle, daß Wati zurückkommen wird, egal, womit die Weißen ihn locken. Sein Geist hält sich noch im Busch auf und gibt mir in Träumen ein Zeichen, ihm zu folgen. Vielleicht sind die Nächte in der geistigen Welt genauso kalt wie im Busch – und wenn man alt wird, fühlt man die Kälte doppelt.

»Laß mich deine Nägel schneiden. Wir gehen heute zum Gouverneur. Sie werden dir eine Medaille ans Halsband heften, denn du bist der einzige Nachkomme Watis, den wir ausmachen können.«

Schade, daß sie mich aus dem Zwinger rausgenommen haben. Ich könnte jetzt bereits auf dem Weg zu meinem Volk sein. Wati zitterte oft im Schlaf und murmelte »Fünf-Hunde-Nacht« – das hieß, daß so viele von uns gebraucht wurden, um einen Menschen warmzuhalten.

Die Spitze eines Klauennagels fliegt hoch, als sie weggeschnipst wird. »Morgen wird dich der Doktor auf einem Symposium der Royal Academy of Science and Progress vorstellen, dann wird er auf Reisen gehen und dich dem Rest der Welt präsentieren.«

Die Hand des Aufsehers langt nach meinem Kopf, um mich hinter den Ohren zu kraulen. Ich könnte seine Finger abbeißen – das würde ihn fernhalten, vielleicht für immer!

Das weiße Gesicht beugt sich nach vorn. Eine rote geschwollene Nase drückt sich durch die Gitterstäbe. »Der Doktor hofft, dich wieder in ein menschliches Wesen zu verwandeln – ein weißes diesmal. Ich werde dich lehren müssen, wie man mit einem Löffel umgeht.«

Nein, ich schnappe lieber nicht nach diesem Gesicht, sondern gehe ohne Kampf, so wie mein alter Herr. Mein Körper hat schon zu schrumpfen begonnen, und wenn ich zwei weitere Tage lang nichts esse, bin ich hinüber… ich glaube nicht, daß die Weißen etwas bemerken werden. Wenn ich zu Wati gegangen bin, werden sie ihr Pech verfluchen, aber das wird keinen von uns zurückbringen.

Dugaruru

Es wird schön sein, wieder in Nakara, meinem Stammesland, zu sein – ausgestreckt auf dem trockenen Sand beim Lagerfeuer zu liegen und einen Arm voll Stroh oder weiche Papierrinde zu haben, worauf ich *yudu*, das Kind, betten kann, wenn es kommt. Es wäre schön, eine alte Frau zur Seite zu haben, die mir erzählen könnte, was Mütter wissen müssen. Aber wenn keine da ist, werden die flackernden Flammen oder die umherwandernden Geistwesen mir sagen, was zu tun ist. »So geht es jetzt nicht mehr«, sagen die *balandas*, die Weißen.

Das Bett sieht lustig aus, außerdem wackelt es ein bißchen, so als ob es jeden Moment unter dir weggleiten wollte. Ich habe noch nie auf so einem Ding geschlafen. Wahrscheinlich streckt man sich am besten genau in der Mitte aus – so legte mich die Schwester hin, dann schlug sie die Enden der Decke unter die Matratze und verschwand eilig nach draußen. Die Frau sagte nicht, warum sie mich hierher verlegt haben – eigentlich kein Zimmer, eher ein Kasten mit vier Wänden und einer Tür. Auf einem kleinen Regal steht ein gläsernes Viereck – *balandas* nennen es »TV«. Ich halte es nicht für ein Fenster, aber dennoch kann man hindurchsehen: Menschen, Bäume, sogar ab und zu den Himmel, oder was immer die Weißen dich sehen machen wollen.

Der Ort, an dem ich gestern war – in einem viel größeren Zimmer, einen Korridor weiter –, war vollgestopft mit Betten. Es waren so viele *balandas* dort, daß der Ort einem Ameisenhaufen glich. Mir machte es nichts aus, unter ihnen zu sein. Obwohl die Gesichter und die Sprache fremd sind, tut es doch gut zu wissen, daß jemand in Reichweite ist. Sie haben dort ein riesiges Foto von Boma, dem Frauen-Mörder, aufgehängt – eine ganze Wand ausgefüllt mit seinem lachenden Gesicht. *Balandas* nennen ihn Dr. Tinto und... ich frage mich, was der hier tut? Vielleicht begrüßt er die Kinder und erzählt ihnen, was die Welt für ein wunderschöner Ort ist, um hineingeboren zu werden.

Warum hat die Schwester mich wohl hat verlegen müssen?

»Du machst uns hier Probleme. Komm, Schätzchen, steig auf das Notbett«, sagte sie und war aber trotzdem nett zu mir.

Die Tür ist zwar nicht verschlossen, aber so fest zu, daß nicht einmal ein Luftzug durchkommt. Vielleicht werden alle Weißen so geboren, aber für uns ist es nicht gut. Der Bruder meiner Mutter, Wawa, sagt, daß bevor ein schwarzes Kind geboren werden kann, sein *djuwi*, seine Totem-Seele, vom heiligen Wasserloch kommen und in das Innere deines *walg*, den Schoß, gelangen muß. Jeder in Nakara ist so ins Leben gerufen worden.

Die Schwester ist zurück; sie geht behutsam, als wolle sie über ein Schlangennest steigen: »Ich kann nicht begreifen, wie dieser Stein ins Innere gelangt ist. Er ist ziemlich groß, wie das Röntgenbild zeigt – die Ärzte versammeln sich, um zu beraten. So etwas haben sie noch nie gesehen.« Eine kleine Schachtel hängt um ihren Hals, die Piepstöne von sich gibt, als sie sie über mein Bett bewegt. Die Frau läßt das Gerät über meinem Bauch kreisen, und die Piepstöne werden lauter. Es klingt wie ein ganzer Haufen Küken, die man ohne Nahrung gelassen hat, seit sie geschlüpft sind. Dieses Geräusch habe ich schon einmal gehört, nicht zwischen diesen Wänden hier, aber in Nakara, weit weg im Busch.

Sogar Dr. Tinto wird zu der Besprechung kommen – nicht, daß er sich gut mit Babies auskennt, aber er weiß alles, was die Welt über Steine wissen muß.

Warum muß sie dieses piepsende Gerät um ihren Hals tragen? Im Busch hatte dieser Kerl Boma, der erste weiße Mann, den ich je sah, so eines; doch viel größer, etwa in der Größe eines Teekessels, aber in Form einer Schachtel. Er nannte es »Geigerzähler«. Ich vermute, daß die Schachtel den Weißen heilig ist. Der Mann trennte sich nie von ihr.

Die Schwester sticht in meine Fingerspitze und entnimmt einen Tropfen Blut: »Achte auf das Fernsehprogramm – Dr. Tinto wird heute mit seiner ›Ansprache an die Menschheit‹ gesendet.«

Boma kam in unser Land, als meine Mutter noch *wirgul*, ein junges Mädchen, war. Wawa sagt, er kam nach der Regenzeit, rutschte auf dem letzten Regenbogen vom Himmel runter und

hielt sich während der ganzen Trockenzeit in unserem Stammesgebiet auf. Keiner von unseren Leuten wußte, was das Ticken des Geigerzählers bedeutete.

»Warst Du vorher schon mal bei einem Arzt?« Die Frau ist immer noch da.

Wawa glaubte, daß Boma in der dunklen Schachtel die Seelen seiner toten Angehörigen trug – so wie unsere Ältesten das tun, in den *badi*, den Vorratstaschen, die man oft um ihre Hälse hängen sieht. Die Seelen hörten nicht auf, von innen zu klopfen, und trieben den weißen Mann an, durch den Busch zu eilen und ein Wasserloch für sie zu finden. Auf dem Grund würde jeder von ihnen einen *dugaruru*, einen heiligen Stein, finden, auf dem er sitzen und auf seine Wiedergeburt warten könnte. Unsere *djuwi*, Totem-Seelen, haben es nicht eilig, sie können viele Regen- und Trockenzeiten abwarten – mehr als einer von uns erinnern kann. Vielleicht würden manche von ihnen schon früher wieder ins

Leben zurückkehren wollen, aber es sind nicht viele schwarze Frauen da, die sie als Mütter auswählen können.

»Irgend so ein Medizinmann muß an dir rumgefummelt haben. Diese Typen können viel verderben.«

So sollte sie nicht denken. Unsere Ältesten waren in Ordnung, machten Boma keinen Ärger – sie gaben ihm *wirgul*, ein junges Mädchen, um für sein Lagerfeuer und seine Nahrung zu sorgen. Der Mann aß Yamswurzeln, gebratene Enten und Süßwasserkrebse. Mutter machte ihm sogar *nadu*, Fladen aus zerstoßenen Nüssen der Farnpalme, obwohl diese Nahrung heilig ist – sie wird nur unseren Leuten während *nara*, der großen Zeremonie, gereicht, um ihnen die Kraft zu geben, besser singen zu können und den Geistwesen zu gefallen.

Die Schwester will gehen: »Verpaß die Fernsehsendung mit Dr. Tinto nicht. Er hat die Governor-George-Arthur-Medaille für seine Aufzeichnungen über den Lebensraum eines Volkes bekommen. Es handelt von deinen Leuten, Schätzchen.«

Warum machen die Weißen soviel Aufhebens um *yudu*, Nachwuchs? Das ist doch eine Angelegenheit zwischen dir und den Geistwesen, ob er kommt und wann. Bei uns sagt man, daß nicht einmal der Mann etwas damit zu tun hat. Schwarz oder weiß, er kann mit dir während einer ganzen Trockenzeit schlafen und sich mit Liebemachen abrackern, und doch wird nicht viel dabei herauskommen. Mutter glaubt, daß der Mann bei der Sache immerhin ein wenig mithilft. Er öffnet dich, du und er schwitzen und riechen – der Wind trägt das durch den Busch hin zu *marain*, dem heiligen Wasserloch, um eine Seele zu wecken und... Wenn man Liebe macht, sieht man gelöst und glücklich aus – man kann keine bessere Frau als Mutter wählen, um wiedergeboren zu werden.

Wo kommen die weißen Kinder her? Keiner von diesen Weißen scheint viel über *dugaruru* zu wissen. Die Seelen der *balandas* leben im Himmel und... nein, das wird nicht so sein wie bei uns. Ich hätte meine Mutter fragen sollen, vielleicht hat sie darüber etwas von Boma erfahren. Der weiße Mann lehrte sie viele Worte. Sie konnte sogar »Bacardi«, »Gin«, »Brandy« lesen und schneller Zigaretten drehen als jeder weiße Bursche. Schade, daß sie starb, als ich noch jung war. Damals sollte ich zu den Leuten meines Vaters gehen, aber es gab keine, also nahm mich Wawa als eines seiner Kinder an. Die Stammesältesten sagen, das sei unser Gesetz – nicht nur in Nakara, sondern in jedem Stammesland des ganzen Reservats.

Mein Bauch tut weh. Er zeichnet sich unter der Decke ab – groß wie ein Felsen und... ja, hart und steif. Vielleicht sollte ich aufstehen und ein bißchen herumlaufen, wie es die Frauen im Lager tun. Danach werde ich mich besser fühlen. Jede von uns muß wahrscheinlich da durch. Wenn nur Mutter lange genug gelebt hätte, um mir zu sagen, wie das ist. Vielleicht wäre sie mit uns im Busch geblieben, wenn sie gedurft hätte. Unsere Leute sagen, daß man die Geistwesen verärgert, sobald man sich mit dem weißen Mann einläßt, und sie einen deshalb aus Nakara-Land verjagen. Aber... wir werden uns sicher in unserem *marain* wiedertreffen, wenn auch ich sterben muß. Dieser Ort ist unsere *babaru*, Familie, und niemand kann einen von dort vertreiben.

Nein, ich sollte den Raum nicht verlassen, aber ich könnte die Tür ein kleines bißchen öffnen und herausschauen. Die Schwester ist dort drüben – sie sitzt hinter ihrem Schreibtisch und schaut... ja, sie durchsucht meine *badi*, die Vorratstasche. Vielleicht will die Frau etwas über meinen »Wunsch« herausfinden. Jede werdende Mutter kann sich das Kind wünschen, das sie haben möchte. Wenn sie einen winzigen Speer in ihre Tasche tut, wird es ein Junge. Ein kleiner Grabstock gibt ein Mädchen. Ich habe nichts dergleichen gemacht – was auch immer kommt, es wird mir gehören und schwarz sein.

Die Schwester nimmt mein Knochenmesser heraus und schaut es eine Weile an. Es ist seit langem stumpf, aber man schmeißt kein Werkzeug weg – egal, wie gebraucht –, bis etwas Besseres da ist. Jetzt starrt die Frau meine *dudji* an, die Feuerhölzer. Ich glaube nicht, daß sie weiß, was das ist. Wenn man nie in seinem Leben die Hölzer reiben mußte, um ein Lagerfeuer zu entfachen, woher soll man es dann wissen?

Sie rollen ein Notbett den Flur herunter – meine Mutter liegt darauf! Ihr Gesicht ist ausgetrocknet und sieht aus wie ein großes Stück Holz, dem seit langem die Rinde fehlt. Sie muß mich erkannt haben – sie hebt ihre Hand, um mir etwas zu sagen, aber es kommen keine Worte heraus, und die Hand bleibt steif in der Luft hängen. Hinter ihr kommt ein anderes Notbett, und noch eines – lauter Nakara-Frauen liegen darauf. Sie tragen keine Kleider oder Decken, und auf ihrer vom Wind gegerbten Haut zeigen sich Flecken unter abblätternden Schrunden. Es sind so viele, junge und alte – sie sehen aus wie ein Schwarm fliegender Hunde in der Dämmerung, der in den roten Sonnenuntergang hineinfliegt. Manchmal erheben sich ein oder zwei Hände, vielleicht wollen sie etwas sagen, aber es kommen keine Worte. Auch wenn sie sie formten, würden sie nicht gehört. Der Ort hier ist durchflutet von Schreien, doch nicht von uns, sondern von jungen, neugeborenen Weißen. Hier in der Nähe muß ein riesiges Nest voller Eier sein. Alle sind auf einmal geschlüpft und schreien nach Versorgung.

Ich kann fast nicht mehr auf den Beinen stehen. Ich werde zurück ins Bett gehen und… schau, im Fernsehen ist ein Mann zu sehen, der ein Notbett mit meiner Mutter schiebt. Ihre Hand ist noch in der Luft, und er drückt sie unsanft nach unten.

»Liebe Mitmenschen…«

Es ist Boma. Er sieht müde aus und trägt auch keine Shorts und kein staubiges Hemd mehr. Sein Haar ist grau geworden, und es sieht aus, als hätte man ihm eine riesige Muschel auf den Kopf gesetzt. Langsam nimmt er einen kleinen ovalen Stein von Mutters Körper auf und hebt ihn hoch.

»Ein ritueller Stein der Aboriginals – jedes Stammesmitglied besitzt so einen und verwahrt ihn im örtlichen Wasserloch, damit seine oder ihre Seele dorthin zurückkehren kann.«

Wenn Wawa hier wäre, würde er ihn dafür mit dem Speer durchbohren. Vor langer Zeit, als Boma im Nakara-Land war, wurde ihm untersagt, sich in der Nähe von *marain* und der nahegelegenen Zeremonienstätte aufzuhalten. Nur den Ältesten war es erlaubt, dorthin zu gehen, um zu singen und ihre *bilma*, Klanghölzer, zu schlagen, um die Geistwesen, die auf dem Grund des Teiches sitzen, zufriedenzustellen. Sollte diesem Platz irgendetwas zustoßen, wäre es um die Nakara-Leute geschehen.

»Diese Steine sind hochgradig uranhaltig. Ein viel kleinerer Prototyp davon hat sich merkwürdigerweise in den Fortpflanzungsorganen der Stammesfrauen nachweisen lassen.«

Man sagt, daß *dugaruru* im Schoß einer jeden von uns versteckt ist, damit die Seelen sich daheimfühlen, wenn sie hereinkommen. Ohne den Stein würde niemand von uns lebendig. Seit der Traumzeit, als die ersten schwarzen Menschen zum Leben erweckt wurden, ist das so. Damals versuchte ein Mann namens Bomaboma ein junges Mädchen zu vergewaltigen, seine Kusine. Wie alle Frauen der alten Zeit hatte sie einen Stein in sich, und das hielt ihn davon ab, Liebe mit ihr zu machen. Der Mann wurde zornig – er ergriff seinen Speer und schlitzte ihren Leib auf. Das hat ihm allerdings nichts genutzt. Als er starb, konnte seine Seele den Weg nach *Bralgu*, dem Land der Toten, nicht finden. Sie blieb statt dessen im Land, um die Frauen zu erschrecken. Oft zeigt er sich als Windhose, tobt durch den Busch, entwurzelt Bäume und reißt Büsche aus.

Ich habe *dugaruru* nicht gesehen, aber einige der alten Frauen erinnern sich an den Stein. Er lag bereit, wenn *nara*, die Zeremonie, vor der Regenzeit abgehalten werden mußte, um Nakara zu neuem Leben zu erwecken. Die Steine wurden zu den Frauen gebracht, um die Nüsse zu mahlen und dann daraus *nadu* für die Tänzer zu bereiten.

»Wir haben einen magischen Gesang aufgenommen – der Schlüssel dafür, warum sich die Aboriginals diesem tragischen Elend unterwerfen.«

Auf dem Bildschirm ist Wawa zu sehen, wie er sein Didjeridu bläst. Das muß während *nara* sein. Seine Brust ist mit gelbem und rotem Ocker angemalt, um das Muster auf der Haut zu zeigen. *Dugaruru*, der Stein der Erneuerung, hat die Farbe der frühen Morgensonne, die sich ihren Weg durch den morgendlichen Nebel zum offenen Himmel bahnt. Hinter Wawa stampfen unsere singenden Männer auf den Boden und wirbeln eine Staubwolke auf, die in der Luft um die Palmblätter kreist, bevor sie langsam über das Land zieht. Das muß stattgefunden haben, aber nicht jetzt – die Männer sind seit langem tot. Seither hat es viele Regenzeiten gegeben, ohne daß sie um die Erneuerung des Landes gebeten haben.

»Wir organisierten eine Menschen-Jagd, um diesen Schurken zu fassen. Wir werden sogar in seine Geisterwelt vordringen, um ihn vor Gericht zu bringen.«

Als er in unserem Land war, säuberte Boma ein Areal im Busch, indem er die Bäume fällte und das Unterholz niederbrannte, um sein Camp aufzubauen. Die Weißen machen das so. Sie sind wie die Emus und haben Angst, im Wald zu bleiben. Deswegen schlagen sie das Land kahl, damit sie viele Speerlängen weit schauen können. In der Mitte des Lagers stand ein großer Banyan-Baum, der während *wongar*, dem Anbeginn der Welt, gepflanzt wurde, als unser Traumzeit-Ahne Djangawul das Land Nakara schuf. Seither wachsen diese Bäume dort – es gibt genug davon, um während der Regenzeit einer ganzen *babaru*, Familie, darunter Schutz zu bieten. Von den Ästen hängen die Wurzeln herunter und dringen in den Boden ein, um den Stamm zu unterstützen – weder Stürme noch böse Geister können ihn jemals entwurzeln... Ja, Boma brachte widerliches Zeug mit, »Dynamit« nannte er es, und packte etwas davon unter die schwebenden Wurzeln. Der Banyan flog in die Luft, und die Äste und Holzstücke verteilten sich im ganzen Busch. Ein Teil des Stumpfes blieb zurück, die Rinde teils weggerissen, teils herunterhängend, wie die Federn eines durchbohrten Vogels.

»Wir wurden aufgerufen, diese Menschen zu befreien.«

Nachdem er sein Camp errichtet hatte, brachte Boma *warngi* mit, ein fliegendes Monster mit grauem Bauch und schlagenden Flügeln. Es flog, gerade so wie Geistwesen oder Vögel, aber nachts kam es immer auf der Lichtung hinter den Banyan-Baumstümpfen herunter und teilte mit uns das Nachtlager. Wann immer es abhob oder runterkam, hinterließ *warngi*, »Helikopter«, nannte es Boma... eine Staubwolke, und abgerissene Rinde und Holzstückchen flogen von den Baumstümpfen.

Wawa und die anderen Ältesten kamen ins Lager und baten

darum, daß *warngi* nicht ins Landesinnere in die Nähe der *marain*, Totemstätte, fliegen solle. Das Monster könnte leicht die Geistwesen verjagen und den Teich mit Staub und toten Blättern verunreinigen. Ohne daß die Geistwesen sich verkörpern, würde das ganze Land zu Staub zerfallen.

»Wir begannen, das Land zu säubern. Jeder dieser gefährlichen Steine muß entfernt werden...«

Der monströse Vogel zog einen ganzen Schwarm groß, nicht seinesgleichen, aber krabbelnde metallene Biester, *dabalan*, »Raupenfahrzeuge«, nannte Mutter sie. Was immer sie waren – Monster oder Maschinen –, der Schwarm zog durchs Land und machte die Bäume, Sträucher und Felsen nieder. Sie hinterließen eine Staubwolke und einen langen Streifen zerfurchten, kahlen Landes.

Die *dabalan* versammelten sich um *marain*, der Totemstätte, tanzten um sie herum und begannen, den Boden aufzureißen. Ob sie sich um einen Anteil vom Wasser des Teiches stritten oder sich im Staub wälzten, konnte niemand sagen. Wawa und die anderen Männer gingen dorthin, um die metallenen Biester zu vertreiben, aber... sie kamen nie zurück. Mutter sagt, daß die Männer ihre Speere warfen, aber da sie keine Hilfe hatten, gingen unsere Leute nach *Bralgu*, um die Himmelswesen aus der Traumzeit zu rufen.

»Durch die Sprengung der Felsen wird sich der Steinbruch mit Wasser füllen und in einen riesigen See verwandeln – genug Platz, um jede Aboriginal-Seele unterzubringen.« Der Mann legte *dugaruru* auf die eine Seite einer kleinen Waage und nahm dann Mutter – weiß geworden, geschrumpft und nicht größer als ein Kieselstein –, um auch sie auf die Waage zu setzen. Sie wurde noch kleiner, schrumpfte zu einer Perle und dann zu einem Sandkorn zusammen.

Auf dem Bildschirm erschien das Bild einer leeren Honigwabe mit Bomas Stimme aus dem Hintergrund:

»Das ist das Modell einer Geistwesen-Aufzucht – es wird aus Zement und Plastik gemacht und auf dem Grund des Sees plaziert werden. Über Echolot werden wir den Ton des Didjeridus runterschicken und die Temperatur konstant halten. Auf diese Art und Weise kann der Stamm für tausende von Jahren leben – es werden keine Nahrungsreste gebraucht, und es gibt keine Beschwerden.«

Inzwischen haben sie mich auf ein Notbett gelegt und rollen es einen Korridor entlang, wo ich noch nie gewesen bin. Eine Betonpassage erstreckt sich weiter, als das Auge oder die Gedanken reichen können. Für eine Weile geht die Schwester neben mir und hält meine Hand. Sie drückt mir ein Stück Würfelzucker in die Hand.

»Nimm das, Schätzchen. Es wird dir das Leben ein bißchen versüßen.«

Mein Bauch scheint... er ist jetzt flach und rauh. Der ganze Körper fühlt sich an, als würde ich nicht ihn berühren, sondern als würde meine Hand über die Rinde eines Baumes gleiten. Die Schwester ist noch da. Sie hält ein großes Foto vor mich hin – es ist wieder dieses Honigwabenbild. »Schau, was für ein schöner ruhiger Ort. Dein ganzer Stamm wird dort sein.« Sie beugt sich über mich und flüstert in mein Ohr: »Ich hörte im Radio, daß die Regierung die Auslieferung angeordnet hat. Wawa, dieser schreckliche alte Mann, wird vor Gericht gebracht werden.«

Das Notbett befindet sich jetzt außerhalb des Flures und wird über ein staubiges Feld geschoben. Das muß Nakara-Land sein, vor mir erstreckt sich eine lange Reihe... Ich kann Mutter auf ihrem Notbett sehen, nicht größer als ein Sandkorn, und die anderen sind auch hier, der ganze Stamm, alle auf Notbetten. Mein Bauch fühlt sich... er ist nicht mehr da! Nicht nur er, sondern der ganze Körper – Knochen und Fleisch sind zu einem flachen Stein geschrumpft. Dennoch fühlt es sich warm an, als ob das Blut noch zirkuliert.

Weit entfernt hinter dem Land aus Staub liegt ein riesiger See – der Anfang der Reihe hat bereits das Ufer erreicht und taucht langsam ins Wasser. Jetzt wird es nicht mehr lange dauern, bevor wir auf den Grund sinken in unseren *walg*, Schoß. Ja, ich bin nochmals geschrumpft. Nur ein Sandkorn ist jetzt übriggeblieben, aber es ist noch warm und zeugt für die Seele im Inneren.

Warand, der Dingo

Ich habe nie etwas darüber gehört, wie eine Falle aussieht. Sie wird für Tiere gestellt, vielleicht auch für Menschen. Und wer immer darin gefangen wird, überlebt es nicht lange genug, um darüber zu berichten. Sie ist eine von Menschen hergestellte Bestie, nicht besonders groß – zwei Kiefer aus Stahl, jeder mit einer Zahnreihe bestückt –, ich kann sie mit meinen Fingerspitzen fühlen. Sie sind grauenvoll. Es wird hart werden, aus ihrer Umklammerung auszubrechen.

Es muß wehttun, das eingeklemmte Bein. Warand läßt sich jetzt nicht mehr viel anmerken. Das Tier hat es aufgegeben, sich freizukämpfen und leckt seine Vorderpfote über dem Kniegelenk, wo die Stahlzähne durch die Haut gedrungen sind. Ja, es leckt auch meine Hand. Vielleicht denkt es, ich sei auch in der Falle gefangen. Ich frage mich, was ich tun kann. Mein *mauwulan*, Wanderstab, ist total zerbrochen. Ich habe versucht, damit die Falle aufzuzwingen und die Kiefer aufzubrechen, aber Holz ist Stahl nicht gewachsen. Vielleicht kann ich etwas Besseres als Holz finden. Mein *duwei*, mein gewesener Mann, benutzte Steine. »Mit hartem Stein kannst du die Falle mit einem Schlag zerstören, es schlägt ihr die Gedärme raus«, sagte er. Schade, daß hier keine Steine sind. Vielleicht gibt es weiter im Busch welche, aber es ist nicht leicht, irgendetwas zu finden, wenn man blind ist.

Ich will mich nicht zu weit entfernen, jetzt, wo mich niemand führt. Ich könnte mich im Busch verlaufen und nicht mehr zurückfinden. Vorher mußte ich nur pfeifen, wenn ich nicht wußte, wo ich war – Warand kam immer auf meinen Pfiff. Sogar, wenn der Dingo eine Ruflänge von mir weg war, kam er zurück und führte mich auf den richtigen Pfad. Duwei sagt, daß die Dingos unsere eigenen wiedergeborenen Stammesleute sind – sie kommen in der Hoffnung, es besser zu haben, als Tiere wieder. Sie haben ein dickes Fell, das sie nachts warmhält, und wenn sie Nahrung suchen, fangen sie ein Känguruh viel schneller als einer unserer Männer mit dem Speer, aber... das Glück, das die Dingos hatten, hielt nicht an. Das Land fordert uns in letzter Zeit alle sehr. Egal, ob man Mensch oder Tier ist, die Weißen sind in gleicher Weise hinter einem her.

Warand kläfft. Vielleicht warnt mich das Tier, mich nicht zu weit zu entfernen und... ich werde vielleicht nie zurückfinden. Dingos halten einem nicht nur ein Leben lang die Treue, sie wissen auch, was man denkt. Wir hatten eine ganze Meute, als wir vor langer Zeit nah bei der Siedlung lebten, einige Lager weit entfernt, unten in der Ebene. Die Tiere verließen uns im Morgengrauen, damit sie von den Viehtreibern nicht entdeckt wurden. Aber selbst wenn sie zum entgegengesetzten Ende des Landes liefen, kamen sie jeden Abend zurück, um sich an uns zu kuscheln, wenn die Nacht kalt wurde. Sie schliefen mit aufgestellten Ohren. Nicht so sehr aus Angst – die Weißen jagen nicht in der Nacht –, sondern weil mein Mann im Schlaf redete, und die Tiere wollten auf keinen Fall ein einziges Wort verpassen. Die Dingos hatten schon recht: Wenn man in seinen Träumen spricht, sagt man nicht nur, was man denkt, sondern überbringt auch Botschaften der Geistwesen.

Warand kläfft noch, obwohl es jetzt schwächer klingt. Ich sollte zurückgehen und ihn in den Arm nehmen... nein, ich schaue lieber schnell nach einem oder zwei Ästen mit Blättern dran, damit er Schatten kriegt. Die Sonne brennt sehr heiß, und der sandige Boden wird bald... es wird sich anfühlen, als ginge man über glühende Kohlen. An einem Tag wie heute dauert es nicht lange, bis einen die Hitze umbringt. Was mache ich, wenn er stirbt? Wir hängen aneinander, wie man es tut, wenn es im ganzen Land niemanden mehr gibt, an den man sich halten kann.

Ich werde den Ast über Warand hin und her wedeln, um ihm ein bißchen Kühlung zu verschaffen... Er seufzt – der ganze Schmerz ist da drin; dann leckt er mein Bein. Duwei erzählte mir, daß Dingos, wenn sie verletzt sind, genau wie Menschen leiden. Einmal kam eine Dingo-Hündin am Abend nicht ins Lager zurück, sondern erst am nächsten Nachmittag. Sie lief auf drei Beinen, gefolgt von einem Schwarm Fliegen, und legte sich neben uns. Duwei gab ihr Wasser und suchte Nahrung, aber sie hatte nicht die Kraft, das Maul zu öffnen. Nur ihre Augen folgten

uns, als ob sie versuchte, uns etwas zu sagen... Ja, die Verletzung war zu stark, und sie gab auf. Nein, ich glaube nicht, daß Warand aufgibt. Er ist ein zäher Jäger, der jeden Tag durchs Land strich. Er ist mehr Fallen ausgewichen, als es hier Bäume gibt, und kam immer mit einer Beute ins Lager zurück – wenigstens eine kleine Eidechse im Maul, wenn es sonst nichts gab.

Der arme Warand, er lehnt seinen Kopf gegen mein Bein und seufzt. Ich fühle, wie schnell sein Herz schlägt, als ob er nach Atem ringt. Ich frage mich, wie er heute da reingeraten ist – er kennt jeden einzelnen Busch hier in der Gegend. Unten in der Schlucht ist ein Wasserloch, etwa eine Ruflänge von hier entfernt, und er führt mich jeden Tag dort hin und zurück. Es ist noch nicht lange her, da konnten wir nur in der Abend- oder Morgendämmerung, wenn die Viehtreiber nicht da waren, herschleichen, um einen Schluck zu trinken, das Kochgeschirr zu füllen und dann wieder auf dem Pfad die Schlucht hoch zurückzukehren. Weiter oben, am Fuße der Hügel, gibt es eine Felsenhöhle, der schattigste Platz im ganzen Land für Tiere und Menschen. Nein, die Weißen kamen fast nie da lang. Sie mochten sich nicht über die felsigen Pfade hochkämpfen. Vielleicht hatten sie Angst, daß unsere Geistwesen sich hinter den Felswänden versteckten und die Felsen auf sie draufschmeißen würden. Von der Höhle aus konnten wir die Viehtreiber hören, wie sie auf ihren Pferden über die Ebene hinter dem Wasserloch jagten, um ihre Herde zu kontrollieren oder... ja, den wimmernden Ton der Laster, die sich durch den Busch quälten. Was immer es war – Tier oder Maschine –, Duwei behielt stets die Staubfahne der Viehtreiber im Auge, und wenn sie in unsere Richtung zog, schossen er und die Dingos aus der Höhle und schlichen weiter hügelaufwärts.

Die Falle ist mit einer Kette in einen Baumstumpf geschlagen – keine Chance, das aufzukriegen und Warand die Falle hinterherschleppen zu lassen. Ich schaue besser nach Wasser, bevor der Dingo verdurstet. Die Sonne brennt siedendheiß auf unsere Köpfe. Das Wasserloch kann nicht mehr weit sein – ich kann einen Schwarm *lindaridj*, Galahs, hören, die am Wasserplatz gackern. Die Vögel werden es nie müde, Lärm zu machen, und der Krach wird mir den Weg weisen. Ich muß einen neuen *mauwulan* finden – ein dünner Ast würde genügen –, irgendetwas, das ich vor mir herhalten kann, damit ich weiß, wohin ich trete. Ich wünschte, das wäre alles nur ein Traum, lang und bitter – solche, wie sie Duwei oft hatte, wenn er im Schlaf kämpfte und die Dingos die Ohren spitzten, damit sie kein Wort versäumten. Er sagte mir nie, worum es in seinen Träumen ging, und ich glaube auch nicht, daß die Dingos das Geheimnis kannten. Ich vermute, es handelte von uns.

Das Wasserloch ist das einzige für viele Lager im Umkreis. Es hatte immer genug Wasser für eine viel größere *babaru* als uns zwei und all diese Vögel und Tiere, die aus dem entfernten Busch kamen, viele, viele Ruflängen weit weg – bis die Kühe hierher gebracht wurden. Die Tiere des weißen Mannes tranken das meiste, und wir hatten immer Angst, daß wenn wir das nächste

Mal kämen, um zu trinken, nichts mehr da wäre außer einer Schlammpfütze.

Der Dingo heult. Vielleicht versucht er mir zu sagen, wie weit ich mich entfernt habe, oder vielleicht will er, daß ich mich mit dem Wasser beeile. An einem Tag wie heute kann man es nicht lange aushalten. Duwei hielt mehrere Tage lang aus, aber nicht sein ganzer Körper war der Sonne ausgesetzt. Die Viehtreiber ketteten ihn an einen großen Felsen, dort hinter der Siedlung, und unter dem Felsen gab es einen schattigen Platz als Schutz, aber nur groß genug, um Kopf und Brust darunter zu quetschen. Ich weiß nicht, warum sie ihn angekettet haben. Sie sagten, er habe ein Pferd gestohlen, aber das ist nichts für uns; und einem Biest dieser Größe kommt man besser nicht zu nahe. Es galoppiert durch das Land wie ein Wirbelsturm, und selbst wenn unser ganzer Stamm versammelt wäre, die Speere wären nicht schnell genug, um es zu treffen. Ja, vielleicht hat Duwei versucht, es vom Wasserloch zu vertreiben, aber... nein, ich glaube nicht, daß es wegen des Tieres war. Als die Weißen die Siedlung vor nicht allzu langer Zeit verlassen haben, ließen sie eine ganze Herde hier zurück, was ungut war. Ich kann sie nicht sehen, aber dann und wann höre ich sie durch den Busch donnern, und dann fürchte ich, die Viehtreiber seien zurück. Doch wenn der Lärm der Hufe wie ein stürmischer Wind erstirbt, merkt man, daß keiner da ist, nur die zurückgelassenen streunenden Biester.

Es gibt genug Wasser im Loch. Es ist jetzt nicht schwer, das Kochgeschirr hineinzutauchen. Vorher, mit den Kühen, war das Loch bestenfalls halb voll. Ich mußte mich immer durch dicken Schlamm kämpfen, um das Wasser zu schöpfen, und dann mit der Hand fühlen, wieviel Schlick im Kochgeschir mit drin war. Nein, ich werde mich hier nicht verlaufen. Ich kenne jedes kleinste Stückchen Boden wie meine eigene Haut und... dort müßten einige Steine am Wasserrand liegen. Ich erinnere mich von früher her, sie waren mit Schlamm bedeckt und oft mit Dung bespritzt, aber jetzt müßten sie trocken sein; und einen von ihnen müßte ich zurücktragen können, wenn ich sie denn finde. Nein, von hier werde ich nicht weggehen. Die *lindaridj* sind da, sie kreischen ununterbrochen, ein ganzer Schwarm und viel lauter als je zuvor. Vielleicht wollen sie mir erzählen, wie schön es ist, das Wasserloch wieder ganz für uns zu haben. Ab und zu kommt vielleicht ein wildes Pferd oder ein Esel vorbei, aber keine dieser Kuhherden, die den Platz verschlammen und die Uferböschung runtertreten.

Der Dingo heult wieder. Es hört sich mehr wie ein Schrei an, denn als ein Ruf, gebeutelt und schwach. Ich sollte mich beeilen zurückzukehren, aber der Stein ist schwer zu tragen. Ich werde ihn alle paar Schritte absetzen müssen. Je größer der Stein, desto besser wird er die Falle aufschlagen. So wie Duwei es gemacht hat, als er noch hier in der Gegend lebte. Ich war jeden Tag bei ihm, als er an diesen Felsen gekettet war, und habe ihm Wasser und Nahrung gebracht. Damals konnte ich meinen Grabstock noch in den Boden stecken und Wurzeln sammeln. Manchmal fand ich sogar eine Handvoll Larven an den Akazienstümpfen. Das mochte er lieber als alles andere, was im Busch zu finden war.

Es ist gar kein Heulen zu hören. Warand muß aufgegeben haben, oder vielleicht ruht er sich ein bißchen aus und heult später wieder. Ich kenne mich hier gut aus, ich müßte näherkommen. Vielleicht hat er mich schon kommen sehen und wedelt mit dem Schwanz. Wenn ich diese Falle nicht aufschlagen kann, werde ich die Kette gegen den Stein reiben müssen, um sie aufzubrechen. So habe ich auch versucht, Duwei freizubekommen, obwohl die Kettenglieder viel dicker waren. Wir wechselten uns ab, jeder von uns kam dran und ruhte sich dann aus, während der andere den Stahl gegen die scharfen Ecken des Felsens rieb. Wir schafften eine ziemliche Furche, halb durch, aber… ich mußte eine Kanne Wasser holen und ihn allein lassen. Er schien nicht so eifrig zu sein, wenn er alleine war. Vielleicht befürchtete er auch, daß selbst wenn er frei käme, es nicht lange dauern würde, bis sie ihn erneut gefangen hätten und zum Felsen zurückbrächten… ja, je mehr man kämpft, desto härter setzen sie einem zu. In der nächsten Nacht besuchte er mich im Schlaf: »Ich bin auf dem Weg in die geistige Welt. Unsere Stammesbrüder sind gekommen und haben mich befreit.«

Die Geistwesen entführten Duwei. Wenn sie sehen, daß man

wirklich in der Klemme sitzt, lehnen sie sich nicht zurück und lassen einen für immer leiden.

Dort sind der Baumstumpf und die Kette, die zur Falle führt. Der Stahl ist entsetzlich heiß, wie er da auf dem Sand liegt. Ich habe mir fast die Finger daran verbrannt. Wie muß sich erst der arme Warand fühlen. Vielleicht... nein, da ist nur noch das Bein, Fliegen umschwärmen es, und Blut bedeckt die Stahlkiefer. Er hat das Glied abgebissen und ist in den Busch verschwunden. Ich muß ihn rufen, um ihm zu sagen, daß ich zurück bin, ihm Wasser geben und mit einem Ast die Fliegen wegwedeln. Später können wir unten in der Schlucht lagern – jetzt gehört das Land wieder uns. Und obwohl uns das im Moment nichts nützt, wird es unsere Wunden heilen helfen, wenn wir wissen, daß das Land wieder uns gehört.

Ich rufe und rufe, und wenn er am Ende des Tages nicht zurück ist, wird Warand mich ganz sicher in meinen Träumen aufsuchen.

Wawa, mein Bruder

Es ist aus und vorbei. Das war nicht mein Wille, aber es gibt eine Macht, die stärker als ein Mensch oder ein Geistwesen ist und die uns zwingt, zu gehen. Vielleicht können uns Bücher darüber Auskunft geben, warum der Mensch nicht unsterblich ist wie die Felsen. Ich hätte Wawa fragen sollen. Er oder seine weisen Freunde hätten mir alles darüber berichten können, aber das hilft jetzt auch nichts mehr.

Die Weißen sind zahlreich versammelt. Ich hätte nie gedacht, daß so viele von ihnen sich von mir verabschieden würden. Sie haben mir die ganze Kirche und einen soliden Eichentisch als Ruheplatz zur Verfügung gestellt. Von mir ist nicht viel zu sehen außer einer Fahne, die über eine hügelartige Form ausgebreitet ist. Darunter hervor kann man das Flackern der Kerzen sehen und das Knistern des verbrennenden Wachses hören. Durch einen schmalen Spalt in der Fahne kann ich die Trauergäste erkennen, die wie ein stiller Strom um mich herumfließen, alle in dunklen Kleidern und mit grimmigen Gesichtern. *Sir Rock* ist tot! Jetzt wissen es alle.

Wo geht man von hier aus hin? Die Weißen sprechen nicht viel darüber. In meiner Nähe hält Wawa sein Buch in die Luft: »Der HERR ist dein frei gewählter Hirte.« Die Weißen nennen ihn Bischof. Heute trägt er seine feinsten Kleider, und er hat sein Kreuz dabei, seine Bücher und andere heilige Utensilien. Er hat eine ganze Schar junger Leute um sich versammelt, die singen, während die Glocken läuten... alles, was er auch für seine weißen Brüder tun würde, vielleicht sogar noch mehr. »Ich habe diesen Mann aus der Finsternis geführt, HERR...«

Wawa hat zu sprechen begonnen. Er ist mein Bruder, nicht durch Geburt oder Hautfarbe, sondern weil er nett zu den Schwarzen war. Der Kummer hat ihn schwer getroffen. Seine Stimme vibriert noch, aber er wird genug Kraft sammeln, um die Zeremonie durchzuführen. Die letzten zwei Tage und Nächte hat er mir beigestanden und mehrere Kerzen abbrennen sehen, neue angezündet und seinen Seelen-Boß mit sanften Worten gebeten, sich meiner anzunehmen.

»...und ich habe ihn zu DIR geführt.«

Als er vor einigen Tagen die Fahne über mich legte, seufzte er – der Ton eines wunden Herzens. Wir haben die Hälfte unseres Lebens zusammen verbracht – ja, so lange ist es her, seit er nach Namanama, in unser Stammesland, kam. Wir fällten einen jungen Baum im Busch und halfen ihm, den Stamm in den Boden zu rammen und ein Kreuz an seinem Ende zu befestigen. Alle Stammesbrüder packten mit zu. Sogar Marngit, der Medizinmann, bot seine Hilfe an. Meine Frauen zündeten ein großes Lagerfeuer an und kochten Yamswurzeln in der heißen Asche. Sie brachten sogar einen Beutel voll Schildkröteneier, aber kein Salz. Warum müssen die Weißen immer eine Prise davon über ihr Essen streuen? Vielleicht um *wardu* zu vertreiben, böse Geistwesen, die sich durch die Kehle eines Menschen in den Körper hinabschleichen können, um seine Seele zu stehlen. Wenn man in einem Land fremd und der eigene Seelenboß weit weg ist, können viele Hexenmeister ihr Unwesen mit einem treiben. Aber das Salz wirkte – jedenfalls dachte Marngit so. Er ist auch *wawa*, mein Blutsbruder, und kann nur die Wahrheit sprechen.

»Nimm ihn zu Dir, HERR.«

Weiß er, daß ich nicht mehr aus Fleisch und Knochen bestehe, sondern ein Hügel fest gewordenen Staubes bin? Das schreckt mich nicht. Im Busch in Namanama kann man sich in einen Felsen, einen Baum oder in eine Wolke verwandeln, aber hier... die Weißen würden das nicht gutheißen, ihre Seelenbosse auch nicht. Letzte Nacht ist Wawa um den Eichentisch gegangen und hat die losen Enden der Fahne unter mir festgezogen. Er hat einige Worte geflüstert, die klangen mir nicht nach Singsang, sondern eher nach Furcht. Er muß mich gesehen haben – ich hörte ihn murmeln: »Laß' uns Stillschweigen darüber bewahren.« Vielleicht weiß niemand sonst davon, und wenn das so bleibt, können sie mich in die geistige Welt schmuggeln. Hoffentlich guckt niemand unter die Flagge oder lehnt sich dagegen.

»Er hinterläßt Trauer in unseren Herzen.« Wawas Stimme zittert und wird dann von den Glocken übertönt. Warum soviel Schmerz? Wir treffen uns doch wieder. Nicht hier in Namanama, aber in der geistigen Welt, über die er mir viel erzählt hat. Ich könnte ihm wieder helfen, ein Kreuz aufzustellen und... nein, ich denke, diesmal wird keine meiner Frauen dort sein, um ein Feuer zu machen. Ich könnte ihm helfen, junge Bäume zu fällen, um eine Hütte zu bauen. Er wird ein Beil mitbringen. Die Weißen sind stolz auf ihr Stahlwerkzeug, das viel schärfer ist als unsere Steinaxt, *galdi*.

»Er hatte Vertrauen in DICH und den Fortschritt.« Wawa hob den Kopf, damit seine Stimme hoch in den Himmel steigen konnte – dort ist die Seelenwelt des weißen Mannes.

Die Glocken dröhnen, und die Weißen singen. So viele Leute! Aber kein schwarzes Gesicht. Schade, daß Marngit, mein Stammesbruder, nicht hier ist, um das zu sehen. Wenn auch nicht alle meine Freunde sind, so sind doch mehr Leute gekommen, als ich oder irgendjemand in Namanama zählen könnte. Er sollte mir nicht mehr böse sein, jetzt nicht mehr. Wenn ein Mann stirbt, wirft man ihm keinen Speer hinterher. Wawa hätte sich vergewissern sollen, daß mein Stammesbruder hier ist, ebenso einige andere schwarze Gesichter, um all dies zu erleben und darüber zu berichten. Marngit – nichts würde seinen Augen und Ohren entgehen, und wenn er zurückkehren würde in den Busch, wüßte

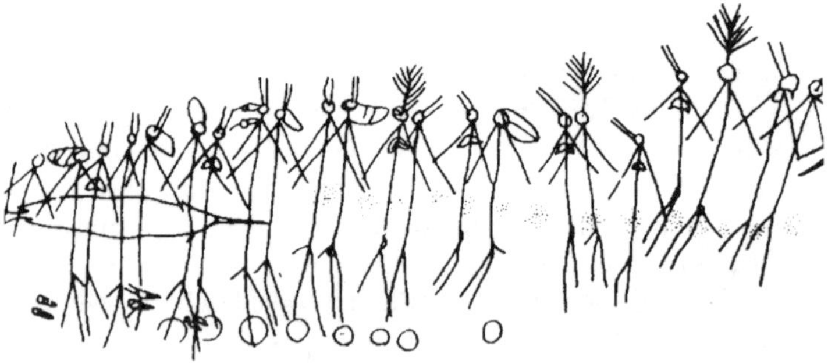

jede einzelne Seele des Stammes, wie tief getroffen der weiße Mann ist, mich gehen zu sehen. Gestern war die Königin hier, um eine Kerze anzuzünden, und ihr Gesicht schien verquollen zu sein – sie sah aus, als ob sie tagelang geweint hätte. Sie wußte von mir… vielleicht lange bevor ich etwas über sie gehört hatte. Die Weißen, wie auch alle unsere Geistwesen, haben *dal*, die magische Kraft, in die Ferne zu sehen. Und sie wissen alles über dein Leben, bevor du sie überhaupt triffst. Sie dachte an mich: Sie sandte Wawa den langen Weg in den Busch, um mir das Beil zu bringen. Was für eine Schneide – es kann einen jungen Stamm mit einem einzigen Hieb fällen! Niemand im ganzen Reservat hatte ein solches Beil, und sie wollte nichts dafür haben. Ja, sie hat auch noch eine Kiste mit Streichhölzern für meine Frauen geschickt. Wir haben nicht herausgefunden, für welche von beiden das Geschenk bestimmt war.

Wawa hob sein Buch hoch zum Himmel: »Er half mir einen Tempel zu bauen, um DEIN Wort zu verbreiten.«

Wir bauten die Kirche aus alten und jungen Baumstämmen. Marngit mochte das nicht. In Namanama ist jeder Baum ein schwarzer Mann, und um Wawa zu helfen, das Dach aufzurichten, mußte eine große Fläche Wald gerodet werden. An der Rückwand

der Kirche bauten wir einen Lagerraum aus aufeinandergeschichteten Steinen. Wawa hatte ein Zaubermittel, »Dynamit« nannte er es. Man braucht nur eine Handvoll davon, um den größten Felsen im Land zu zerschmettern. Marngit hatte gewettert: »Die Felsen sind die Totem-Seelen unserer Ahnen«. Der Medizinmann sagte, daß einige der Felsen im Land während der Traumzeit schwarze Menschen waren. Damals hatten sie alle irgendetwas falsch gemacht, hatten das Land der Traumzeit-Ahnen verletzt. Jambawal, der Donnermann, war mit seinem *larpan*, dem magischen Speer, gekommen und hatte das Stammesvolk auf den Boden gespießt und sie in Felsen verwandelt.

»DU gabst uns Brot für ihn.«

Wawa hatte ein kleines Flugzeug, und immer wenn er zurück in die Siedlung kam, brachte er Zuckersäcke, Schachteln mit Tee und Keksdosen mit und verschloß die Waren in dem Raum, der aus Steinen gebaut war. Dort bewahrte er auch Tabak auf und gab mir und den anderen, die zur Kirche kamen, jeden Tag ein Päckchen. Die Frauen erhielten ein Stück Würfelzucker; meine Frauen bekamen eine Dose Cola, die sie sich teilten. Niemand wußte, wo das alles herkam. Wawa sagte, es sei Jesus, der Boß der Weißen in der Seelenwelt, der die Waren sandte und... ja, wir sahen das Flugzeug immer am Himmel über dem Busch, bevor es auf einer staubigen Piste nahe der Kirche landete, und wir winkten alle. Wann immer Wawa von seiner Reise heimkehrte, brachte er Schachteln voller guter Dinge mit. Er wollte nichts dafür haben. Na ja, er nahm eine Handvoll Steine von den zerschmetterten Felsen, tat sie in ein Taschentuch und verknüpfte die losen Enden. Ob er sie dem Seelenboß oder der Königin mitbrachte... die Handvoll Steine waren so wenig im Vergleich zu all den guten Sachen, die er nach Namanama brachte.

Wawa streckte beide Arme in die Luft: »Er hat alles für uns gegeben. Jede Ladung Felsen aus seinem Heimatland bedeutete neues Leben für uns.«

Der arme Wawa, er hat hart gearbeitet, um Namanama zu dem zu machen, was es heute ist. Er wußte, wie unser Land in der Traumzeit entstanden war. Am Anfang aller Zeiten reiste unser

Ahne Jambawal durch das Land des schwarzen Mannes und trug einen Vorratsbeutel Kieselsteine mit sich. Ab und zu ließ er einen auf den Boden fallen, damit Felsen daraus würden. Als er Namanama erreichte, riß die Kordel an seinem Beutel, und alles fiel heraus. Namanama wurde felsig. Kein anderes Land im ganzen Umkreis ist so steinig und hügelig. Wawa wollte etwas Besseres daraus machen, nicht für sich, aber für uns. Er holte eine Menge weißer Leute mit Maschinen – eine ganze Herde ratternder Bestien – und begann, das Land einzuebnen, indem er jeden Felsen zu Staub zermalmte. Die Stammesältesten waren von den herumrasenden Maschinen nicht begeistert und haßten die Staubwolken. Auch Marngit war darüber nicht glücklich: »Sie werden das ganze Land auffressen, so wie es die weißen Ameisen mit den Baumstümpfen machen.«

Die Glocken läuteten.

Das war's also. Einige weiße Männer tragen mich auf ihren Schultern aus der Kirche. Sie bewegen sich vorsichtig, so als ob sie mich nicht durchrütteln oder stören wollten. Vielleicht hat man ihnen nicht gesagt, in was ich mich verwandelt habe. Jedenfalls wollen die Weißen mich immer noch in die Seelenwelt verabschieden, auch wenn ich zu Kuhdung geworden bin. Schade, daß Marngit das nicht erleben kann. Ob er noch böse wäre? Er regte sich sehr über die Weißen auf, die die Felsunterstände und Höhlen zerschmetterten, und fürchtete, daß nicht ein Platz im ganzen Land übrigbliebe, der Menschen, Geistwesen oder Tieren während der Regenzeit Schutz gewähren könnte. Der Medizinmann hatte Stammesälteste versammelt, und sie sangen Tag und Nacht und riefen Jambawal an. Sie hätten sich nicht sorgen brauchen. Auf einem Teil des eingeebneten Landes legte Wawa ein großes Lager an, das mit einem hohen Drahtzaun umgeben war, groß genug für den ganzen Stamm. Der Platz war so sicher, nicht einmal *wardu,* der böse Geist, hätte ein Schlupfloch gefunden. Drinnen stapelten sich Coca-Cola-Dosen, Schachteln mit Keksen und Säcke mit Tee.

Die Männer, die mich tragen, flüstern. Vielleicht hat einer von ihnen unter die Fahne geschaut, und die Nachricht über mein verändertes Aussehen hat die Runde gemacht. Aber was soll's. Wawa, der Bischof, weiß, was ich bin. Die Königin weiß es auch. Jesus, der Seelenboß, muß es auch wissen… er wird schon auf mich warten.

Schade, daß kein schwarzes Gesicht in der Nähe ist, um mir Lebewohl zu sagen – Wawa hätte es auch gerne gesehen, wenn einige Stammesbrüder da wären. Er läuft mit niedergeschlagenen Augen hinter mir her. Marngit und die Ältesten sollten den armen Burschen nicht verfluchen. Er stellte sogar einen Schutz bereit für unsere Leute, für jeden schwarzen Mann einen – nicht so einen Schutz wie unsere Höhlen oder die Häuser der Weißen, aber irgendetwas dazwischen. Jeder Stammesseele wurde eine Betonröhre zugeteilt, Platz genug, um darin vor Regen oder Wind Schutz zu suchen. Von oben herab kann Jambawal Regen in wahren Sturzbächen herunterschütten, dennoch wird kein Tropfen durchsickern.

Die Gewehre feuern. Ich bin mir nicht sicher, ob der Salut als Lebewohl oder Willkommen gemeint ist, aber wie auch immer, noch nie war ein schwarzer Mann so berühmt. Eine Trompetenfanfare eröffnet den Marsch, und die Glocken dröhnen laut genug, um den Himmel auf mich aufmerksam zu machen. Falls Jambawal in der Nähe ist, wird ihn der Lärm verjagen. Nein, ich bezweifle, daß er von so weit her kommen würde. Es ist gut, daß er in Namanama bleibt. Wenn er hier wäre, was würden die Weißen tun? Man kann den Donnermann nicht zähmen, auch nicht, wenn man ihm jede Menge Medaillen gibt, Teedosen anbietet, Säcke mit Zucker oder Flaschen mit Bacardi. Es würde nicht mal was bringen, ihn zum Ritter zu schlagen.

Das ganze Königreich hat innegehalten, um mir auf Wiedersehen zu sagen. Menschen stehen an der Straße, die Menge… ich habe niemals zuvor so viele Menschen gesehen, alle trauern. Einige werfen mir Blumen entgegen, andere rufen ein oder zwei Worte des Lebewohls. Wenn jeder dieser Menschen nur zwei Tränen vergießen würde, gäbe es einen Sturzbach auf der Straße. Noch immer keine schwarzen Gesichter. Ich wünschte, sie hätten wenigstens meine Frauen hergebracht. Beide hätten die Rede, die Wawa gehalten hat, gemocht. Ich habe ihn niemals zuvor so lange reden gehört. In Namanama war die Zeremonie viel kürzer. Wann immer ein schwarzer Bursche im Busch starb, ließ Wawa eine der Maschinen über das staubige Land kommen, um eine tiefe Kuhle zu graben. Dann versammelte er alle aus dem Lager und murmelte: »Asche zu Asche, Staub zu Staub.« Er warf immer eine Handvoll Erde auf den Körper und beobachtete dann still, wie der Bulldozer die Steine zurück in das Grab schob.

Meine Frauen, ja, jetzt kann ich sie sehen. Nicht hier, aber in Namanama, viele Himmel weit weg. Niemand ist mehr im Lager, und sie... sie sehen wie geschrumpft aus, mit einer Staubschicht auf der Haut. Vielleicht haben sie sich im Schlamm gewälzt, um die Fliegen fernzuhalten, oder... ja, ihre Haut hat vielleicht angefangen, weiß zu werden. Sie kriechen herum. Jede hat eine Betonröhre und rollt sie über den Boden, um Schatten zu suchen, aber es gibt keinen Schutz vor der Sonne – das Lager ist eben wie eine Handfläche. Warum kämpfen? Vielleicht hilft es einem, zu hoffen.

Man hat mich auf einen Rollwagen gestellt, und ein Bulldozer zieht mich. Schade, daß die Maschine so rattert, der Lärm ertränkt die Trompetenfanfare – nicht einmal die Glocken kommen ganz durch. Hinter mir geht eine kleine Gruppe Weißer. Einige von ihnen habe ich getroffen, manche kenne ich kaum, und von vielen habe ich noch nie etwas gehört. Dennoch sind alle gekommen, um mir Lebewohl zu sagen. Auch die Königin ist gekommen. Ihr Gesicht ist hinter einem dunklen Schleier versteckt, um die Tränen zu verdecken. Der Tag, an dem sie mich zum Ritter schlug, war ein glücklicherer Anlaß für uns beide. Damals lächelte sie: »Ich werde mir die Zunge verrenken, wenn ich Ihren Geburtsnamen ausspreche – sollen wir einfach *Sir Rock* sagen?« Sie berührte mich mit der Spitze ihres Schwertes, das war ein großer Tag. Hoffentlich werden sich Schwarze und Weiße daran erinnern.

Direkt hinter mir geht Wawa, armer Kerl, kaputt und schwankend. Er sieht aus, als ob er auf dem felsigen Boden von Namanama einen Weg sucht. Er hat alles arrangiert. Ich weiß, er wird mich nicht hängenlassen. Die lange Rede, die er in der Kirche gehalten hat, war eine große Hilfe. Letzte Nacht war ich ein bißchen ärgerlich auf ihn – wenn man tagelang unter einer Fahne liegt, fängt man an sich zu fragen, ob es keinen Platz mehr auf der Erde für einen gibt. Ich versuchte ihn vielleicht etwas harsch zu mahnen: »Wawa, willst du mich nicht in deine Seelenwelt bringen?«

»Ich habe ein Staatsbegräbnis arrangiert. Du wirst der erste Schwarze sein, der eines kriegt.«

»Wollen die Geistwesen mich haben?«

»Es gibt Formalitäten – nicht einmal die Weißen können so einfach kommen.« Er klang müde, aber nicht ärgerlich.

»Du sagtest mir, sie würden auf mich warten.«

»Wir möchten deine ehemaligen Seelenbosse nicht vor den Kopf stoßen. Sie sorgen ja jetzt schon für Verwirrung. Kannst du deine neue Gestalt nicht sehen?«

Nun ist es vorbei. Ich muß Wawa zeigen, daß es mir leid tut, daß ich letzte Nacht gedrängt habe. Vielleicht kann ich für ihn, wenn wir uns in der Seelenwelt wiedertreffen, ein Lagerfeuer machen, um den Teekessel aufzusetzen. Er nimmt keinen Zucker in seinen Tee, nur einen Löffel voll Büchsenmilch. Ob sie Feuerholz in der Seelenwelt haben? Die Weißen putzen den Busch so aus, daß die Erde aussieht wie ein gehäutetes wildes Tier, aber eigentlich müßten sie wissen, daß man hier und dort einen Baum übriglassen muß.

Wie weit bringen sie mich? Es ist schon gegen Abend, und ich bin noch immer unterwegs. Die Seelenwelt sollte sich lieber bald offenbaren. Die Wolken haben sich am Horizont zu einer Wand zusammengezogen, dunkel und bleiern. Die Fahne über mir mag ein bißchen Schutz bieten, aber sie wird den Regen nicht abhalten können. Ein Platzregen kann ein Schlamassel aus mir machen... Ich will meine Gestalt nicht noch einmal verändern.

Der Bulldozer klingt müde, prustet und hustet, aber er ist ein zähes, aus Stahl gemachtes Biest. Am besten bitte ich Wawa, die Maschine anzutreiben. Mit ein bißchen Glück sind wir schneller als die Wolken. Oh – er ist weg! Die anderen sind auch gegangen, die Königin, die Menge, alle. Die Glocken haben aufgehört, die Trompeten und Trommeln sind still. Nur noch der Bulldozer ist da und zieht mich über eine einsame Landstraße einem schwarzen Loch im Himmel entgegen.

Das könnte die Seelenwelt sein. Es sieht aus wie eine Landschaft mit grünen Weiden und da und dort einem Baum. Strommasten strecken sich endlos in die Ferne. Ja, die Seelen sind alle weiß und möchten gerne alles um sich herum haben, wie sie es gewohnt sind. Hier gibt es keine Buschlandschaft, in der man ein Känguruh jagen könnte, und ich glaube auch nicht, daß es hier sandige Strände mit Schildkröteneiern gibt. Schafe und Kühe grasen hier. Wenn ich Nahrung suchen gehe, tue ich gut daran, sie nicht zu durchbohren. Wawa sagte mir, diese Biester sind *marain*, Totem des weißen Mannes, und dürfen niemals angerührt werden. Ich glaube nicht, daß ich noch Nahrung brauche – ein Staubhügel ißt nicht –, aber mit ein bißchen Glück könnte ich zu einem Felsen verhärten und ewig leben, so wie die Felsen in *Namanama*.

Helle Blitze und Donnergrollen ziehen über den Himmel. Jambawal! Der Traumzeit-Ahne klingt ziemlich schlecht gelaunt, so wie er durch die Landschaft tost. Sein *larpan* schlägt im Boden vor mir ein. Ein Ball aus weißem Licht erscheint, und einige Sekunden später ist vom Bulldozer nur noch ein Haufen Schrott übrig.

Der Sturm hat die Fahne fortgerissen. Was für ein Wolkenbruch! Meine Gestalt! Der Hügel wird rasend schnell weggewaschen, und ich fließe die einsame Landstraße dahin. Ich frage mich, ob Wawa darüber Bescheid weiß – hier ist jetzt niemand mehr. Vielleicht... ja, sie müssen mit Jambawal einen Handel abgeschlossen haben – die Mächtigen treffen dann und wann zusammen, wenn sie dich holen kommen.

Der Kakadu-Mann

Zum Schluß ist es doch noch gut herausgekommen – meine Traumzeit-Ahnen, die Geistwesen, haben mich in einen Kakadu verwandelt. Und was für einen! Meine Federn sind voll ausgewachsen, strahlend-sauber, und die Schwingen… meine Flügel breite ich lieber nicht so weit aus, es ist hier nicht genug Platz, um sie richtig zur Schau zu stellen. Die Wände sind zu nahe beieinander, moderig, aber stark. Dieser Ort hier ähnelt einem Kaninchenbau, aber einem aus Beton mit Stahlgittern, um einen drinzuhalten. Das Licht kommt herein, um die Tageszeit anzuzeigen, und die Luft bewegt sich hinein und hinaus, aber es ist unwahrscheinlich, daß ein Mensch diesen Platz verlassen kann, es sei denn, die Geistwesen holen ihn da raus.

Ich sollte nicht so nahe an die Gitterstäbe gehen – der Sergeant könnte kurz hereingucken. Die Weißen spionieren gerne allem und jedem hinterher. Sogar wenn man zu einer Ameise zusammengeschrumpft ist und für den Rest seines Lebens herumkrabbeln muß, würden sie es sich schwer überlegen, ob sie einen freilassen.

Die Weißen sollten sich keine Sorgen machen; es gibt keinen Grund, sich aufzuregen. Kakadus können tagelang von einer Handvoll Körnern leben. Darüber könnte der Sergeant doch froh sein, der Mann… ja, er ist in der Nähe. Ich höre ihn über den kleinen Hof stampfen, und dann eilen seine Schritte über einen schmalen Gang. Das passiert einmal am Tag – er schubst eine Schüssel mit Essen unter den Gitterstäben hindurch und zischt »Verdammter Abo! Wir anderen müssen uns unser Essen verdienen«.

Nein, ich glaube nicht, daß er mich gesehen hat. Er starrt nie ins Dunkle oder bleibt lange genug, um mich atmen zu hören. Vielleicht bemerkt der Mann morgen oder übermorgen, daß die Zelle leer ist, aber dann werde ich schon weit im Landesinneren sein, frei. Ich sollte lieber noch eine Weile warten, bevor ich rausfliege. Draußen gibt es nicht viel zu sehen, nur eine Ecke vom Hof und Teile einer weit aufragenden Mauer. Im Hof wächst ein hoher Baum, aber von hier aus kann man ihn nicht sehen. Um diese Tageszeit wirft er einen Schatten, in dem ein kleiner Blätterhaufen auf dem nackten Betonboden tanzt, bevor auch das aufhört und nur noch die Sonne vom harten Boden abprallt.

Gut, daß der Baum da ist. Ihn werde ich ansteuern, und wenn ich auf die Äste hochsteige und über die Mauer schaue, werde ich die ganze Siedlung wiedersehen können. Yirli, meine Frau, wird noch unten am trockenen Flußbett sein, gute zwei Ruflängen von hier entfernt und ein bißchen zu weit, um sie zu sehen. Aber der Rauch wird den Platz anzeigen, wo sie auf dem Sand unter dem Baum ihr Lager hat. Nach ein paar Flügelschlägen zur Probe werde ich zum Flug ansetzen und dann durch die Luft gleiten – das ist alles, was ich tun muß, um zu ihr zu gelangen. Nein, es wird ihr nichts ausmachen, mich als Kakadu zu sehen: Der Vogel ist unser Totem, und schlimm wäre nur, wenn die Geistwesen mich in eine Eule oder Krähe verwandelt hätten.

Ein kleiner Taubenschwarm hat sich offenbar im Hof niedergelassen. Ich kann ihr Gurren hören. Einer der Vögel sucht in der Ecke den Betonboden ab. Ich werde durch die Gitterstäbe schlüpfen und mich unter den Schwarm mischen. Tauben haben eine andere Größe und Farbe als ich, aber fliegen tun wir alle, und wenn wir zusammenbleiben, ist jedwede Gefahr leichter zu bemerken. Die Weißen stellen gerne Fallen, und man ist niemals sicher – egal, ob man läuft, kriecht oder fliegt. Allein die Geistwesen können ohne Furcht rein- und rausschleichen.

Wenn der Sergeant mich so entkommen sieht, wird er vor Wut schäumen. Auch wenn er jetzt hier wäre, würde es ihn überfordern, herauszufinden, was wirklich passiert ist. Er glaubt nur, was in seinen Büchern steht, oder den Worten des weißen Bosses, des Mannes, den sie den Friedensrichter nennen. Vor Jahren, als ich für den Sergeant auf Fährtensuche war, sahen wir einen Schwarm Kakadus, der sich an einem Wasserloch niedergelassen hatte. Man soll die Vögel nicht beim Trinken stören; niemand aus unserem Stamm würde sie verjagen. »Das sind alles unsere Leute, einige von ihnen sind Stammesälteste – man vertreibt sie nicht«, versuchte ich ihm zu erklären.

»Und woher weißt du, ob ein Vogel ein Männchen oder ein Weibchen ist?« lachte der Sergeant.

Die Weißen wollen nicht das Geringste über unsere Lebensweise erfahren, aber der Sergeant hätte es besser wissen können. Er kam in unser Land, gleich nachdem die ersten Wellblechhütten gebaut worden waren, und erlebte, wie daraus eine Siedlung wurde. Wir zwei waren oft zusammen gewesen, um unsere Leute zu verfolgen, nicht nur hier in der Gegend, sondern bis tief in den Busch hinein, sogar bis in Stammesgebiete, die drei Dialekte entfernt liegen. Einmal waren wir einem Burschen bis weit in die Wüste hinein auf den Fersen... es war Mirna, der Bruder meiner Frau. Armer Bursche, er wurde seit Tagen verfolgt. Ich glaube nicht, daß er sich erinnern konnte, wann er das letzte Mal etwas gegessen hatte.

»Er wird es nicht zurück zur Siedlung schaffen. Wie wär's mit einem Stück Brot für den armen Kerl, Boß?« fragte ich.

»Warum sammelst du nicht ein paar Samenkörner, wenn er doch einer deiner Kakadu-Kameraden ist?«

Eine der Tauben schlägt mit den Flügeln und fliegt auf einen Ast. Der Rest des Schwarms bleibt auf der Erde, aber alle Vögel schauen auf... nein, vor mir haben sie keine Angst, vielleicht vor einem Schatten oder Lärm von der anderen Seite der Mauer. Ich frage mich, was für Futter man vom Betonboden picken kann. Herumwehende trockene Blätter gibt es genug, aber ich glaube nicht, daß man Samenkörner findet. Der Baum dort drüben ist alt und hochgewachsen – er reicht bis fast an die Wolken –, aber er scheint nicht mehr sehr glücklich zu sein; ein großer Teil ist vertrocknet. Das tote Holz, von dem die Rinde weggerissen ist, sieht wie eine lange Narbe aus, die sich von der untersten Astgabel bis fast zu den Wurzeln des Baumes zieht. Einer der tiefer hängenden Äste ragt über den Hof. Er ist ziemlich dick, aber ohne ein einziges Blatt. Ich bezweifle, daß ein Mensch den Ast vom Boden aus erreichen kann – für den Sergeant muß es schwierig gewesen sein, ein Seil so darüber zu werfen, daß die Schlinge ein, zwei Armlängen herunterhängt. Er hat niemals erwähnt, daß dort jemand gehängt wurde... aber Yirli, meine Frau, sah, wie ein

Mann am Ende des Seils hin- und herschwang. Es war dunkel, und sie konnte sein Gesicht nicht sehen, aber es war einer von uns, wer sonst?

Eine der Tauben hat etwas Eßbares gefunden und bemüht sich, es aus einem Riß im Beton herauszuzupfen. Ob es Körner sind? Vielleicht schmeißt der Sergeant manchmal eine Handvoll Abfall in den Hof. Ich habe nie gesehen, daß er nett zu Vögeln war, aber... die Tauben gurren sanft, schwer zu sagen, ob es eine Bitte oder ein Lied ist – kein Mensch könnte ihnen etwas zuleide tun.

Manchmal warf der Sergeant mir und Yirli etwas zu essen hin. Wenn das Gefängnis leer war, ließ er uns hinein und brachte uns sogar eine Decke, auf der wir liegen konnten, sowie eine Flasche mit... ich weiß nicht, was für ein Zeug das war, ziemlich stark, nicht viel davon, und man hat tief geschlafen. Wann immer ich genug von dem Gesöff hatte, ging ich zum Ende des Hofes, lief einen schmalen Gang entlang und kroch in eine Zelle – der Sergeant wartete nur darauf. Ich konnte ihn im Dunklen hören, er schnaufte und keuchte um sein Leben. Wenn er Liebe machte, hechelte er wie ein Dingo, der auf heißem Sand in einer Falle sitzt.

Ich sollte mich lieber aufmachen, mich an der rauhen Rinde festkrallen und den Baumstamm hochklettern. Ich werde versuchen, nicht mit den Flügeln zu schlagen, die Weißen werden sicher in der Nähe sein. Und wenn es ihnen einfällt, Jagd auf mich zu machen, erwischen sie mich sogar auf dem obersten Ast. Ja, ein großer Teil der Rinde hat sich abgeschält. Der Baum wird sein Tun haben, bis all diese Narben verheilt sind. Vielleicht will der Baum gar nicht weiterwachsen. Er steht schon lange hier und hat schon zuviel gesehen. Knapp über dem Boden hat der Sergeant eine ganze Reihe schwere Bolzen in den Stamm geschlagen. Da konnte er unsere Leute anketten, wann immer es mehr waren, als in die Zellen hineinpaßten. Ich frage mich, was aus ihnen geworden ist. Sie blieben niemals lange hier, nicht einmal so lange, bis ihre Wunden geheilt waren, die sie bei der Jagd durch den Busch davongetragen hatten. Yirli glaubt, daß manche unserer Leute dem Friedensrichter übergeben wurden, der sie aus dem Land schummelte, zu seinem Big Boß – »Gott« nennen sie ihn –, aber Mirna, ihrem Bruder, passierte das nicht. Seine Seele muß in der Nähe sein – er kommt ab und zu, um mit ihr in ihren Träumen zu plaudern.

Dieser Mann, der Friedensrichter, trägt eine Brille. Er wohnt dort drüben, genau auf der anderen Seite der Mauer. Der Mann hält sich einen Kakadu; nicht die Art, in die ich mich verwandelt habe, sondern viel größer und schwarz mit einem kleinen roten, unter seinem Schwanz versteckten Fleck. Wenn er auf der Stange hockt, sieht es aus, als habe man ihn durchbohrt und seine Federn seien blutbefleckt. Der Friedensrichter hält ihn vor dem Haus, angekettet an einen Verandapfosten. Der Vogel erinnert mich an Wati, unseren Stammesältesten. Die meiste Zeit hat er die Augen halb geschlossen, als ob er viele Leben gesehen hätte, nicht nur unsere, sondern auch die meiner Großeltern und noch die von deren Vorfahren. Wann immer ich die Straße entlangging, pfiff Wati mir zu, und ein Auge zwinkerte, um mir ein Zeichen zu geben, daß ich näherkommen sollte.

Ich sollte den Baum weiter hinaufklettern; noch ein paar Äste und… jetzt kann ich das Haus auf der anderen Seite der Mauer sehen, aber nur die Rückseite. Ich glaube nicht, daß Wati noch auf der Veranda ist. Die Kette muß schon seit längerer Zeit zerschlissen oder verrostet sein, und der Friedensrichter… der Mann hatte schon damals graues und schütteres Haar. Er hatte die Angewohnheit, in einer Hängematte zu dösen, die zwischen zwei Bäumen in seinem Vorgarten gespannt war: In Reichweite seiner Hand hing an einem abgesägten Ast eine Flasche mit einer Kordel um den Hals. Was auch immer in der Flasche war, es ließ ihn laut schnarchen – es klang wie eine von diesen Sägen, die die Weißen benutzten, als sie die Bäume fällten, um die ersten Hütten der Siedlung zu bauen. Ich war erst *titi*, ein kleiner Junge, aber wenn man einmal das Geräusch sterbenden Urwalds gehört hat, bleibt es einem.

Ohne Rinde hat sich das weiche Holz verhärtet wie ein Knochen. Ich muß mich festklammern, um nicht abzurutschen und Lärm zu machen. Vor langer Zeit schlich ich mich durch die vordere Pforte auf Zehenspitzen zur Veranda, an dem schnarchenden Mann in der Hängematte vorbei. Schwarze Kakadus fressen Akaziensamen, das ist ihr Lieblingsfutter. Ich brachte immer eine Handvoll mit und kraulte Wati hinter dem Kamm. Der Vogel streckte dann seinen Hals, lehnte den Kopf gegen meine Brust und flüsterte: »Geh' in den Busch, du Narr!« Er mochte es gar nicht, daß ich mich mit dem weißen Mann verbündet hatte, und besuchte mich oft in meinen Träumen, um mir vorzuhalten, daß ich unsere Leute nicht verfolgen sollte. Er wußte über jeden Bescheid – den Namen, den Stamm, den Dialekt eines jeden Mannes, den ich dem Sergeant einfangen half. »Am Ende bist du auch dran, du Narr«.

Wenn sie mal alt sind, gehen die Weißen zurück in ihr Land oder zu ihrem Boß, Gott – wie auch immer das vor sich gehen mag. Ihr Haus lassen sie hier zum Verrotten und Verrosten zurück. Dieses hier wird nicht so leicht verrotten – Steine halten sehr lange. Wir brachen sie weit jenseits des Flusses heraus und schleppten sie hierher, Last für Last. Harte Arbeit war das. Die Weißen zogen jeden Schwarzen heran, nicht nur die Kakadu-Leute, auch Burschen mit anderen Dialekten, viele Stammesgebiete weit entfernt – alle holten sich Blasen an den Händen. Wenn es irgendein Bursche wagte, abzuhauen, folgte ihm der Sergeant rasch und stellte ihm durchs ganze Land oder bis zu seinem letzten Atemzug nach – je nachdem, was zuerst kam.

Viel wird nicht übriggeblieben sein von der Hängematte. Kordeln verschleißen schnell. Nein, das Ding ist noch dort und schwingt leise hin und her. Vielleicht haben die Weißen eine neue Hängematte angebracht, nachdem die alte ausgedient hatte und… Wati! Er ist immer noch da. Ich sehe ihn durch ein offenes Fenster, jetzt in einem Käfig – wie schön, daß er nicht mit dem alten Mann zu einer entfernten Welt oder zu diesem Gott mitmußte – wo immer die Weißen am Ende hingehen müssen. Jemand anderes muß Wati übernommen haben und… nein, der Friedensrichter ist immer noch da, er bewegt sich mit Hilfe eines Stockes und klopft damit gegen den Käfig: »Pfeif ›God Save the Queen‹ für mich. Es gibt weder Futter noch Wasser, bis ich es höre«.

Wati zieht sich in eine Ecke zurück. Die Federn auf seinem Rücken... viele sind rausgerupft worden, und die nackte Haut sieht rot aus.

»Ich muß dich zu einer Show bringen. Die Leute werden dich beklatschen und dich fotografieren, wenn du die Melodie gut pfeifst.«

Wati dreht den Kopf von der Stimme des Mannes weg. Der Friedensrichter steckt den Stock in den Käfig und drückt den Kakadu gegen den Maschendraht, um ihm eine Handvoll Federn auszurupfen. Der Kamm des Vogels spreizt sich vor Wut: »Alter weißer Bastard.«

Hier sollte ich besser nicht länger bleiben, sondern zurückkehren zum Baumstamm und hochklettern – je höher, desto sicherer wird es sein. Noch ein paar Äste höher, und ich müßte den Fluß sehen können. Warum Yirli wohl kein Feuer gemacht hat. Vielleicht will sie ihre Lagerstelle nicht verraten. Man muß nur eine Kuhle in den Sand graben, groß genug, um reinzukriechen und sich zu verstecken. Wenn man nur nachts herauskommt, um nach Nahrung zu suchen, und die Haut schwarz ist, werden die Weißen kaum bemerken, daß man da ist. Nachdem ich dem Sergeant abgehauen war, grub ich eine Höhle ins Flußufer, nicht riesig, aber groß genug, daß Yirli und ich uns reinquetschen konnten. Wir verdeckten den Eingang mit einem großen Ast voller trockener Blätter. Er verhinderte, daß der Sand reingeblasen wurde und tarnte unseren Lagerplatz. Ich frage mich, wie uns der Sergeant gefunden hat. Keiner von uns sah ihn, aber er muß ziemlich nah rangeschlichen sein, mit einer Flasche in der Hand; er verschüttete einiges von dem Zeugs auf dem Boden – starker Fusel, das lockte mich raus aus der Höhle. Es war hier und da verschüttet, um mich hierhin und dorthin zu locken. Ich folgte ihm... und es führte mich direkt in die Gefängniszelle.

Ich werde eine gute Sicht vom oberen Teil des Baumes haben, nicht nur auf die Siedlung, sondern auf ganz Ianala, unser Stammesland, und das Land dahinter, das sich bis zum Ende des Horizonts erstreckt. Die Mauern dort unten scheinen weit entfernt und der Betonhof... er sieht aus wie der Grund eines tiefen Schachtes. Ich wünschte, ich hätte Wati viel früher getroffen und nicht so viele von uns verfolgt. Es wird noch einige von uns geben, nicht hier, sondern weit entfernt hinter dem Dunst, der bis zum Himmel reicht – es ist zu weit für den Sergeant und jeden weißen Mann. Der schwarze Wati könnte dorthin fliegen, aber nur, wenn man ihn freiläßt.

Ein paar Samenhülsen stecken in einer Astgabel. Ja, einige Körner sind noch drin. Ich werde ein bißchen verweilen und daran rumknabbern. Der Sergeant war in letzter Zeit sehr geizig mit dem Essen. In den letzten paar Tagen hat er nur Wasser gebracht. Davon kann man nicht lange leben, egal ob Mensch oder Vogel. Ich sollte höher klettern; vielleicht gibt es noch mehr Körner auf den Ästen, und wenn nicht, kann ich wegfliegen zu... Nein, es gibt gar keine Bäume mehr, auf denen man landen kann. Früher gab es eine ganze Menge Hütten verstreut im Busch, aber die Siedlung hat sich aufgelöst. Statt dessen erheben sich hohe Türme, gebaut aus Beton, Stahl und noch irgendetwas. Sie haben nicht die Form eines Hauses, sondern sehen aus wie ein großer Stapel Kisten, der sich zum Himmel türmt. Warum müssen die Weißen so hausen und aus dem Platz einen riesigen Ameisenhaufen machen? Vielleicht haben sie Angst, daß unsere Geistwesen aus dem Busch kommen und sie holen, wenn sie sich im Land ausbreiten. Sie schicken den Sergeant raus in den Busch, um die schwarzen Burschen zu jagen, aber er wird nicht viel zu tun haben, wenn es keinen von uns mehr gibt, den er verfolgen kann.

Hoffentlich ist Yirli nicht sauer auf mich. Obwohl wir niemals über ihren Bruder Mirna oder einen der anderen Burschen gesprochen haben... falls sie mir grollte, ist ihr Ärger inzwischen vielleicht verflogen. Sobald ich sie gefunden habe, werden wir uns beeilen, in den Busch zu entkommen, zwei Dialekte entfernt von hier. Vielleicht sind die Weißen noch nicht so weit vorgedrungen. Dort müßte es viele Bäume geben, die nach jedem Regen blühen, und wenn das Land für Jahre austrocknet, findet man immer noch einige Samenhülsen.

Flußabwärts ist Rauch zu sehen... nein, es ist gar kein Feuer, sondern eine Maschine pufft ihn hoch. Sie rast durch eine staubige Ebene und sieht aus wie eine verrückt gewordene Bestie. Irgendetwas ist mit dem Fluß passiert, die Weißen müssen ihn weggenommen oder ihn unter die Erde geleitet haben, und all die Bäume sind zu Staub zerfallen. Der Boden sieht flach und gewalzt aus wie ein geschorenes Tier. Morgen oder übermorgen wird eine Reihe von neuen Gebäuden hochgezogen werden, jedes mit einer Fahnenstange und einer hohen Antenne, die die samtene Haut des Himmels durchstechen.

Weit unter mir quietscht die Stahlpforte des Gefängnisses. Der Sergeant ist hereingekommen und bringt… es ist Yirli! Viel ist nicht von ihr übrig. Sie ist auf die Größe eines kleinen Känguruhs geschrumpft mit staubiger Haut, ohne schützendes Fell. Sie kriecht langsam auf Knien und Ellbogen und schnappt bei jedem Schritt vorwärts nach Luft. Es sieht aus… als ob sie gleich aufgibt. Der Sergeant versucht, sie anzutreiben. Der Mann hält den Ast eines Feigenkaktus in der Hand und stößt ihn ihr in den Rücken, aber anstatt sich zu bewegen, gleitet Yirlis Körper auf den Beton. Ich möchte kreischen, damit sie weiß, daß ich hier bin. Sie kann jetzt vielleicht nicht gut hören, aber ich könnte nahe hinfliegen, zwischen die Mauern, mit den Flügeln in der Luft stehen und… nein, ich werde ein bißchen warten. Der Sergeant zieht sie schon über den Hof und den kurzen Gang entlang. Es wird nicht mehr lange dauern, bevor der Mann die Tür zuschmeißt und geht. Dann kann ich hineinfliegen, zwischen den Gitterstäben hindurchgehen und in der Nähe bleiben, bis der weiße Mann wiederkommt, falls er das tut. Gott sei Dank haben sie mich nie anketten können wie Wati, den alten schwarzen Burschen.

Kury, die Ehefrau

Jetzt kann es nicht mehr weit sein – Nura, mein Stammesland. Hinter den letzten Spinifexgras-Flächen und der weiten Ebene trockenen Landes müßte sich Yapu, der Berg, zeigen. Auf den ersten Blick sieht er aus, als ob er auf dem Nachmittagsdunst treibt – sowohl Teil des Himmels als auch des Landes. Wenn man jedoch einmal dort ist und auf den Gipfel steigt, ist jedes Detail in der Umgebung so klar zu sehen wie die Innenfläche einer Hand.

Ich frage mich, ob der Dingo weiß, daß wir so nah sind. Er hat es heute gar nicht eilig. Seine drei Beine scheinen ihm den Dienst zu verweigern, und wenn er besonders stark taumelt, setzt er sich auf den Sand. Sein Kopf zittert und zuckt, als ob er mich drängen wollte, umzukehren. Wir sind beide alt und vielleicht nicht mehr so voller Schwung wie früher, aber hier ist jetzt nichts, was uns bedroht – die Weißen sind für immer weggegangen. Vorletzte Nacht erschien mir Niyari – der Boß – in meinen Träumen: »Hier«, sagte er, »hast du dein verdammtes Buschland zurück – ich gehe in meine eigene Welt.«

Nein, heute werde ich nicht heimkommen, aber vielleicht morgen. Sogar ein junger Jäger muß mehr als zweimal sein Lager aufschlagen, um die Einöde zu durchqueren. Selbst der Wind und die Geistwesen haben zu kämpfen, wenn sie hier herumreisen, und für mich und Pupa – den das Leben schon gebeutelt hat – ist die Reise lang und beschwerlich.

Vielleicht müssen wir aber nicht den ganzen Weg gehen, vielleicht hat Tiwa die Siedlung verlassen und kommt uns entgegen. Sie ist meine *kury*, meine Frau, die bei mir sein sollte, und jetzt, wo Niyari weg ist, können wir wieder zusammen sein. Tiwa sollte nicht lange brauchen, um hierher zu kommen. Und wenn sie bereits den Berg überquert hat, könnte sie am Ende dieses Tages hinter den Spinifexgras-Büscheln auftauchen, vielleicht schon früher. Wenn man jung ist, ist man so schnell, daß nur die Geistwesen oder der Wind flinker sind.

Ich werde mich dort unter dem Grasbaum niedersetzen und

auf den armen Pupa warten. Es ist immer noch sehr heiß, obwohl die Sonne ziemlich tief steht. Vielleicht sollte ich im Schatten rasten und die Abendkühle abwarten, bevor ich weitermarschiere. Die Weißen tragen Hüte, um sich vor der Hitze zu schützen. Der Boß hatte einen mit einer breiten Krempe und einer Kordel unter seinem Kinn, damit das Ding auch während eines Sturms auf seinem Kopf blieb. Seit er nach Nura kam, habe ich ihn nie ohne Hut gesehen, aber vielleicht nahm er ihn nachts ab – Tiwa müßte das wissen, aber ich habe sie nie gefragt.

Zuerst hatten wir nichts dagegen, Niyari und seine Rinderherde in unserer Nähe zu haben. Die Tiere taten unseren Leuten nichts, aber sie trampelten über das ganze Land; und ich nehme an, das ärgerte die Geistwesen, denn jahrelang fiel kein Regen, und das Land trocknete aus und wurde kahl. Stürme tänzelten ab und an darüber, bliesen Staubwolken von einer Seite des Himmels zur anderen, aber sie brachten nichts Gutes, sondern drückten nur die Verstimmung unserer Geistwesen aus.

Pupa hat Nahrung für uns gefunden: eine Blauzungen-Eidechse, die der Hund wie einen Stock im Maul trägt und vor mich hinlegt, bevor er sich mit weit heraushängender Zunge, nach Atem ringend, in den Schatten wirft. Es ist schade, daß der Dingo nur auf drei Beinen laufen und darum keine größeren Tiere jagen kann, aber oft schnüffelt er herum und findet Reptilien. Und manchmal führt er mich im Spinifexgras zu einem Gelege mit Emu-Eiern.

Es ist jedoch das Wasser und nicht die Nahrung, was uns Sorge macht, denn hier scheint es sehr wenig davon zu geben. Das Land sieht staubig und verbraucht aus, als läge es schon lange unter einem Fluch der Trockenheit, obwohl ich nicht genau sagen kann, wie lange es nicht geregnet hat. Vielleicht ist diese Dürrekatastrophe noch ärger als die vor Jahren. Das könnte der Grund sein, warum Niyari gegangen ist. Der weiße Mann muß befürchtet haben, daß weder er noch seine Tiere eine weitere Tortur dieser Art überleben könnten. Während der letzten Trokkenzeit grub er große Löcher und zerfurchte die Erde mit langen Kanälen, um jeden Wassertropfen des geringsten Regenschauers

aufzufangen. Aber trotz seiner Bemühungen sammelten sich nur Staubwolken über uns.

Gleich versinkt die Sonne im Dunst am Himmelsrand. Yapu, der Berg, zeigt sich deutlicher. Rosarotes Licht ergießt sich über die kahlen Felsen. Wir müssen uns beeilen, näherzukommen, denn die Schatten werden länger, und die Dunkelheit wird bald hereinbrechen.

Tiwa wird jetzt ihr Lagerfeuer entfachen, und ich muß aufpassen, ob ich aufsteigenden Rauch bemerke – den müßte ich sehen, sogar, wenn das Lager am Fuße des Berges ist. Tiwa wird einen vollen Wasserbeutel dabei haben – sie würde niemals ohne Wasser auf Reisen gehen, denn sie hat lange Jahre in der Siedlung gelebt und eine Menge vom weißen Mann gelernt. Der Boß hatte im Buschland immer einen Wasserbeutel dabei, obwohl ihm das damals, während der langen Trockenperiode, auch nicht viel geholfen hat, als ich ihn im Gebüsch liegend am Bach fand. Sein kostbarer Wasserbeutel war schon lange leer, und der Mund des Mannes war so trocken und steif wie das Segeltuch des Beutels. Kein Ton kam von seinen aufgesprungenen Lippen. Ich grub im Bachbett, bis ich einen im Sand verborgenen Frosch fand, und obwohl sein Bauch nur halb voll Wasser war, hat es gereicht, um Niyari ins Leben zurückzuholen.

Der Bach entspringt am Fuß der Hügel an der anderen Seite des Berges, fließt durch struppige Steppe hinter einem kleinen Hügel entlang, wo die Weißen jetzt eine Siedlung gebaut haben, dann durch eine weite Ebene dem Horizont entgegen und schließlich zu einem weit von Nura entfernten See. Ich war noch nie dort, aber die Geistwesen legen diesen Weg jede Nacht zurück, um ihre *piti*, ihre Holzschalen, zu füllen und das Wasser zurück zum Berg zu tragen. Jede Nacht kann man ihren Weg quer über die Mitte des Himmels verfolgen. Sie hinterlassen eine breite Spur – ich nehme an, jede schwarze Geist-Seele ist dort, um Wasser hin und her zu transportieren. Einiges von dem Wasser wird manchmal aus den Holzschalen verschüttet, aber es versickert sehr schnell im sandigen Bett des Baches.

Die Weißen nennen diesen Pfad Milchstraße, und die meisten sagen, daß sie überhaupt nicht an *munga*, unsere geistige Welt, glauben – aber Niyari nahm mich beim Wort und setzte ein Bohrloch ans Bachufer, genau zwischen der Siedlung und dem Berg. Immer wenn es genug Wind gab, um das blecherne Rad, das er gebaut hatte, eine Weile zu drehen, schoß das Wasser aus dem Ende der Leitung. Niyari glaubte daran – danach.

Pupa stupft mich schon wieder mit der Pfote, starrt mich an und winselt mit fast geschlossener Schnauze. Er quengelt, da bin ich sicher. Dingos haben einen menschlichen Verstand, und wenn er sich auch nicht mit Worten verständlich machen kann, so hat Pupa doch die gleichen Empfindungen wie wir. Vielleicht will er mir zu verstehen geben, daß ich kein Feuer gemacht habe; er hat noch nie ein Lager ohne Feuer erlebt. Aber ich bin zu kaputt, um Holz zu sammeln, und überhaupt, wozu auch, ich fühle mich zu schwach, um mich mit den Feuerhölzern abzumühen, bis der erste Funke sprüht. Wenn nur Tiwa hier wäre – im Handumdrehen hätte sie das Lager hergerichtet und den ersten Rauch aufsteigen lassen: das kann sie prima. Alten Männern werden junge Frauen zugeteilt, um für sie zu sorgen, und mit jemandem wie Tiwa um uns herum würde das Leben erträglicher werden für mich und den alten Pupa.

Der Dingo heult. Ich frage mich, warum er nicht schläft. Vielleicht hält Durst das arme Tier wach. Gut, daß wir so nah am Berg sind. Um die Felsen herum müßte es Buschbeeren geben – eine Handvoll davon nimmt für eine Weile den Durst weg –, und saftige wilde Feigen wachsen auch zwischen den Felsbrokken. Nach einer so langen Dürre wird es wahrscheinlich nicht viel Nahrung geben, aber wenn man im Boden scharrt und weiß, wo man suchen muß, findet man vielleicht ein paar in der Erde versteckte Knollen. Diese zerdrückt... oder irgendetwas, aus dem man ein oder zwei Tropfen Wasser herausquetschen kann, wird uns beiden guttun.

Die Sonne steht jetzt eine Speerlänge hoch, und die Felsbrokken erwärmen sich schnell. Ich muß mich beeilen, die Hänge heraufsteigen und den Berggipfel erreichen, bevor die Felsen unter meinen Füßen zu glühenden Kohlen werden. Der Dingo bleibt zurück, sitzt hin und wieder ab, als ob er hofft, daß ich zurückkehren werde, erhebt sich wieder, wenn ich fortschreite, und kämpft sich vorwärts. Es muß eine Tortur für ihn sein, so zu klettern, auf drei Beinen, aber irgendwie schafft er es. Ich habe versucht, ihm über einige größere Felsbrocken hinwegzuhelfen, aber immer wenn ich mich zu ihm hinunterbücke, weicht Pupa zurück, als ob er nicht gefangen werden wollte. Er scheint nicht durstig zu sein. Als ich heute morgen ein paar Eukalyptusblätter zerdrückt und ihm die Flüssigkeit angeboten habe – nicht viel, aber genug, um seine Kehle anzufeuchten – und einige Larven, hat der Dingo sich einfach weggedreht. Das habe ich bei Pupa noch nie erlebt – seit er ein Welpe war, ist er bei mir gewesen und hat jede Nacht an mich gekuschelt geschlafen. Ich habe ihn unter einem Felsvorsprung hoch oben auf dem Berg, gleich hinter dem Gebirgskamm, gefunden – eine Handvoll Elend, das am Kadaver einer Hündin saugte, die in einer Stahlfalle festsaß. Das ist lange her, aber Tiere sind weise und erinnern sich an Ungerechtigkeit besser als wir Menschen.

Das Wasserloch dort drüben hinter dem riesigen Felsbrocken ist keine Quelle, sondern ein Teich mit schlammigem Grund, in den die Geistwesen, wenn sie vom weit entfernten See kommen, das Wasser, das sie den Hügel heraufgetragen haben und das in ihren *piti* übriggeblieben ist, hineinschütten. Es sieht... ja, trokken aus, dürre Blätter türmen sich auf dem rissigen Schlamm, wo sich Wasser kräuseln sollte. Wir werden nicht heruntersteigen und uns für nichts abmühen.

Der Bach schlängelt sich vom Berg durch das Land zum fernen Horizont wie eine tote Schlange. Bäume säumen das trokkene Bachbett und die Ufer, aber nur einige wenige Äste haben jetzt überhaupt Blätter. Manche Bäume haben sogar ihre Rinde abgeworfen, und die Stämme, trocken und kahl, sehen aus wie ein Trupp von Skeletten, der sich durch das Land bewegt. Von hier aus kann ich die Windmühle sehen. Immer noch aufrecht stehend, markiert sie genau die Mitte zwischen dem Berg und der Siedlung. Vielleicht dreht sie sich noch und versucht, dem Boden einen Tropfen Wasser abzuringen.

Aus der Siedlung steigt kein Rauch auf. Tiwa muß im Busch sein, um *kaltu*-Samen zu sammeln. Obwohl hier in den letzten dürren Jahren so wenig Gras gewachsen ist – wenn es nur einen Stengel mit ein oder zwei Ähren daran gibt, wird Tiwa ihn finden. Sie wird die Samen zu Mehl mahlen und in der heißen Asche des Lagerfeuers *ṇyuma*, ein Fladenbrot, backen, denn Tiwa weiß, daß das die Leib- und Magenspeise eines Mannes ist. Wenn man irgendeinen von uns fragen würde – irgendeinen aus der ganzen Schar, die man nachts am Himmel sehen kann –, jeder einzelne würde bestätigen, daß sich ein Mann nichts Besseres wünschen kann als den Geruch von heißem *nyuma*. Das Leben ist herrlich in diesem Land, solange *kaltu* gute Ähren trägt, aus deren Korn man *nyuma* machen kann.

Das Windrad dreht sich immer noch, und die Pumpe quietscht und quietscht, wie ein Opossum, das in einem brennenden Baumstamm gefangen ist. Doch das Ende des Rohres und die Furchen darunter sind trocken und staubbedeckt. Und drumherum liegt noch das Vieh und wartet auf Wasser – aber es sind nur Knochen übriggeblieben, die sich durch das ausgedörrte, aufgerissene Fell hindurchstrecken. Es muß dem Boß wehgetan haben, seine ganze Herde so enden zu sehen. Dieser Mann pflegte einen Dingo, der seine Kälber zerfleischt hatte, durch das halbe Land zu verfolgen. Wenn er ihn erwischt hatte, spießte er ihn auf einem Stock oder abgebrochenen Ast auf, damit alle das Objekt seiner Rache sehen konnten. Diese Zurschaustellung war jedoch nicht nötig, denn unsere Geistwesen wußten sehr gut, daß einer der Ihren gelitten hatte. Dingos sind für uns nicht nur Tiere, sondern Totems und deshalb heilig. Jeder Dingo, den man sieht oder nachts heulen hört, ist ein Stammesbruder, der zu seinem Stammesland zurückgeschickt wurde und herumläuft, bis er auf einen seiner Verwandten trifft, für den er zum Beschützer und Begleiter wird.

Pupa schleppt sich immer noch hinter mir her, aber jetzt muß auch er davon überzeugt sein, daß hier keine Gefahr mehr droht. Die Siedlung ist verlassen, und der Boß, der Dingos haßte, ist gegangen. Selbst als Pupa noch ein unbeholfener Welpe war und mir überallhin folgte, schrie er mir zu: »Sieh zu, daß du diesen mörderischen gelben Teufel los wirst.«

Ich hielt Pupa in einem kleinen Schuppen, hier unter diesem großen Baum, zwischen der Siedlung und dem Bach. Doch jetzt ist der Platz leer und kahl. Er bot wenig Schutz, nur ein paar Wellblechstücke, die gegen den Baumstamm lehnten, hielten Wind und Sonne ab. Aber es war nahe bei Tiwa, und sie kam oft vom Haus heruntergerannt und brachte Nahrung für Pupa und mich. Einmal brachte sie uns eine alte Decke, und wir besaßen auch einen Wasserbeutel. Er hatte ganz oben ein Loch im Segeltuch, aber er hielt genug Wasser, das wir miteinander teilen konnten. Ab und zu brachte Tiwa uns ein Stück Brot, das aus dem Mehl gebacken war, welches der Boß in Säcken im Haus hatte, und obwohl Pupa diese Nahrung fraß, mochte er *nyuma* aus *kaltu*-Samen viel lieber. Manchmal denke ich, daß die Dingos in unser Land zurückkehrten, um dem Vieh und den Schafen nachzustellen, die alles abfressen, was wächst. Wenn die Biester über das Land hergefallen sind, bleibt nicht ein einziger Grashalm übrig, und wenn *kaltu* zerstört ist, ist auch die Unabhängigkeit der Stammesleute dahin.

Sobald Pupa richtig rennen konnte, übernahm er seine Aufgabe und jagte Kälber, bis eines Tages ein Kalb vom Bach weg- und um die Siedlung herumrannte. Der Boß stürzte mit seinem Gewehr heraus, visierte den Welpen an und wurde nur durch Tiwas Schreien und Betteln für das Leben des Hundes abgelenkt. Der Mann schenkte dem weinenden Mädchen einen kurzen Blick, bevor er abdrückte, und die Kugel traf ein Bein des Tieres. Pupa überlebte, aber danach konnte er keine Kälber mehr jagen.

Die verbliebenen Wellblechteile der Hütte liegen noch auf dem Boden, verrostet und verbogen. Neben dem Baum steht ein alter Benzinkanister… ja, er ist mit Wasser gefüllt, und darunter liegt ein Bündel alter Kleider. Das sind vermutlich die alten Hosen vom Boß, schmierig, mit nur noch einem Knopf dran, und sein Hut ist auch da. Ich habe niemals zuvor einen Hut getragen, aber er wird meinen Kopf vor der Sonne schützen. Tiwa hat an alles gedacht. Sie hat uns sogar einen Laib Brot dagelassen. Er steckt dort in der Astgabel, und obgleich das Brot hart wie Stein ist, wird es sich aufweichen lassen, wenn ich es mit Wasser besprenkle, und eine gute Mahlzeit für mich und meinen alten Freund abgeben. Schau, wie er mit dem Schwanz wedelt, jetzt sind wir zuhause.

Babaru, die Familie

Unsere Mutter hat uns verlassen. Sie ist weder gestorben noch weggelaufen, sondern hat sich in ein Krokodil verwandelt. Vielleicht ist es so besser – nicht, daß wir sie sehr oft sehen werden, aber es ist schön zu wissen, daß sie nicht weit weg ist. Sollte das Gleiche einem von uns passieren, werden wir wieder im Busch zusammen sein.

Ich hoffe, der Padre findet nicht heraus, was mit Mutter passiert ist. Er behauptet, daß man in den Himmel kommt, wenn man stirbt. Der Boß des weißen Mannes, namens Jesus, setzt über einem großen Lagerfeuer einen riesigen Teekessel auf, und die Menschen, schwarz und weiß, sitzen drum herum und schlürfen Tee – man darf soviele Zuckerstückchen in die Tasse tun, wie man möchte.

Was soll ich den anderen Kindern erzählen? Ich habe noch zwei Geschwister – Anabrn und Purelko –, sie schlafen noch in der Sandgrube hinter dem Feuer; zusammengerollt wie zwei junge Hunde. Mutter nannte die Grube *murlg*, den Unterschlupf. Es ist nichts anderes als ein Stück Wellblech, seitlich in den Boden gesteckt. Es gibt keine Deckung bei Regen, aber es ist ein Schutzschild gegen den kalten Nachtwind.

Die Sonne steht speerhoch am Himmel – die Kinder werden bald aufstehen. Sie werden mich wegen Mutter bedrängen und etwas zu essen verlangen. Ich sollte lieber mal nach dem Feuer schauen. Ein dicker Baumstamm liegt teilweise unter der Asche auf einem Häufchen glimmender Kohlen – ein oder zwei aufgelegte Holzscheite und ein bißchen Schüren wird das Feuer wieder aufflammen lassen. Ich bin froh, daß Mutter daran gedacht hat, bevor sie gegangen ist. Ich war im Halbschlaf und sah sie über den staubigen Boden watscheln. Ihr Schwanz strich ums Feuer und kehrte hier und da die Asche zusammen. Ein Baumstamm klemmte zwischen ihren Kiefern und wurde über die verglühenden Kohlen auf die Spitze des Aschenhügels gezogen und gestoßen.

Eines der Kinder murmelt etwas. Es ist Purelko, mein Bruder.

Er strengt sich an, mit der Hand durch die Luft zu fahren, um... vielleicht, um mir zu erzählen, daß auch er weiß, was mit Mutter passiert ist. Der Knabe, der jüngste von uns, ist nachts oft wach und starrt ins Feuer. Wenn die Flammen niederbrennen, ruft er. Manchmal zuckt er mit den Gliedern, um Mutter oder mich aufzuwecken, damit wir etwas dagegen tun. Wenn wir etwas zu essen finden, muß ich ihn füttern, so wie Mutter das tat – ein Stück Yamswurzel vor seinen Mund halten und warten, bis seine Lippen sich öffnen. Bei *njuga*, den Mangrovenkrebsen, muß man die zähen Stücke abbrechen und für ihn vorkauen. Der Padre sagt, daß es mit dem Jungen nie besser werden wird. Wenn ein Kind so behindert ist, wird das auch bleiben, wenn es erwachsen geworden ist.

Mutter wird zurückkommen, ganz bestimmt – nicht während des Tages, aber in der Nacht. Sie wird sich reinschleichen, um nach dem Feuer zu sehen und ob wir alle ordentlich im Sand vergraben sind, um uns warmzuhalten. Unter dem Maschendraht-Zaun ist ein großes Loch hindurchgegraben, genau dort drüben in der fernen Ecke des Lagers, wo der Boden einen kleinen Hügel bildet. Glücklicherweise ist der Boden hier sandig, und es ist nicht schwer, auszubrechen. Sie wird nicht weit weg sein. Vielleicht versteckt sie sich in den Mangrovensümpfen weiter unten in Richtung der Bucht.

Schau, der Padre ist schon auf und ist das Tor öffnen gegangen. Das macht er nur einmal am Tag für uns, damit wir uns draußen im Busch Nahrung suchen können, aber nie so früh. Das Tor quietscht – es klingt wie ein Opossum, das in einem hohlen Baumstamm gefangen ist. Der Pfad gabelt sich vor dem Lager. Der eine Weg führt entlang des Flusses, dann durch ein dichtes Waldstück und stößt schließlich in die Steppe vor, die sich landeinwärts streckt. Der andere Pfad folgt der Küste, an der Mole vorbei und um das Wasser herum. Die Silhouette der Bucht sieht aus wie ein schlecht geworfener Bumerang, der es nicht ganz zurückschaffte – als hätte er das Meer getroffen und dort das Warngi-Kliff gegenüber der Einmündung des Meeresarmes gebildet.

Der Padre trägt ein weißes Hemd und einen dunklen breitkrempigen Hut, der seinen Kopf halb verdeckt. Vor langer Zeit, als Nati, Mutters Vater, starb, sah ich ihn so angezogen. Der Padre muß gedacht haben, daß der alte Mann auf seinem Weg in den Himmel war, und er bereitete ihm einen schönen Abschied. Mutter sagt, daß unsere Leute einen anderen Weg gehen.

»Soll ich kommen, um Ihre Hütte auszufegen?«

Mutter tat das jeden Tag. Sie machte Feuer und setzte den Teekessel auf. Einmal ist sie sogar auf das Dach der Hütte geklettert, um einen jungen Baumstamm mit einem Kreuz an der Spitze aufzustellen und das Ganze mit einem Stück Draht zu befestigen.

»Das ist nicht nötig.«

»Wir können Ihnen Holz aus dem Busch mitbringen.«

»Du wirst genug damit zu tun haben, nach diesen beiden zu schauen. Du bist jetzt fast erwachsen.«

Der Padre streichelt meine Wange und geht langsam zu unserer Lagerstelle. Eine frische Spur im Sand führt direkt vom Feuer zu dem Loch unter dem Zaun, aber die Klauenspuren sind nicht deutlich auszumachen. Gut, daß Mutter ihren langen Schwanz dazu benutzte, um den staubigen Boden hinter sich zu fegen.

»Wie geht es dem kleinen Albino; gedeiht er?«

Anabrn krabbelt aus der Sandgrube heraus und erlaubt dem Mann, ihr über den Kopf zu streichen. Sie hat helles Haar. Wo sie geschlafen hat, hat eine Muschel eine tiefe Markierung auf ihrer blassen Haut am Nacken hinterlassen. Warum nennt er sie Albino? Mutter denkt, es heißt »weiß«, aber... alle drei sind wir das ein bißchen. Der Padre sagt, daß manche Kinder erst ganz schwarz werden, wenn sie fast erwachsen sind. Vielleicht dann, wenn sie *bala* werden, initiiert.

Ich müßte jetzt eigentlich auch reif dafür sein. Es gibt da einen Ort, von dem Mutter mir erzählte, einen See, ich glaube weit drin im Busch, wo die Bucht ihre schaumige Zunge weit ins Land hineinstreckt. Die Männer des Dulbu-Stammes sitzen dort im Schatten eines Papierrindenbaums auf dem Boden und senden die Töne ihrer *bilma*, Klanghölzer, und Didjeridus laut genug aus, um jedes Geistwesen im Land zu erfreuen. Die Klänge sagen einem, daß es an der Zeit ist, um dorthin zu gehen und zur Frau zu werden. Hoffentlich ist jemand dort, der mir erklärt, wie ich die Zeremonie durchführen muß, wenn der Tag gekommen ist. Sicher wird unser Nati mit seinen *bilma*, Klanghölzern, dort sein. Inzwischen müßte er *marngit*, ein Medizinmann sein. Er wird wissen, wie das vor sich geht.

»Hier ist Tee und Zucker. Ich hoffe, du hast noch den Kessel.« Der Padre stellt zwei halbvolle Becher auf den Boden neben das Feuer und starrt eine Weile in die Asche. Schau, da sind Spuren von Mutters Schwimmfüßen auf dem Boden; die gleichen wie die der Enten und Wasservögel, aber viel größer.

Purelko ist auf und krabbelt um das Feuer. Der Knabe versucht, uns etwas zu erzählen, aber er kann die Worte nicht formen, er murmelt bloß ein oder zwei Silben. Vielleicht verlangt er etwas zu essen. Sein Gesicht ist voller Kohle, und Sand klebt an seinem nassen Kinn rund um den Mund. Auch wenn er behindert ist, sollte der Junge wissen, daß man Sand nicht ißt, egal, welche Hautfarbe man hat – schwarz oder weiß.

»Raunga, sieh zu, daß der Junge etwas zu essen bekommt.«

Der Padre kehrt zu seiner Hütte zurück, ohne noch etwas zu sagen. Vielleicht kommt er später noch einmal vorbei, um nach uns zu schauen und uns zu sagen, was wir tun sollen. Ich sollte den Hügel hinauflaufen und das Loch unter dem Zaun verdekken. Es ist vielleicht besser, wenn der Padre nichts davon weiß. Auch wenn er vielleicht ahnt, was Mutter passiert ist, ist es besser, zu vertuschen, wie sie verschwunden ist. Der Mann ist vielleicht ärgerlich, weil sie nicht auf die gleiche Art gestorben ist wie die Weißen. Und er könnte eine Falle stellen, um sie zu fangen, wenn sie heute nacht wiederkommt, um uns zu treffen. Unser Nati erzählte uns, daß die Weißen jeder lebenden Seele im Busch nachstellen. Ich habe niemals gesehen, daß der Padre ein Tier getötet hat, aber einmal vor langer Zeit habe ich in seine Hütte gespickt, und dort lag ein Stapel Krokodilhäute – ich glaube nicht, das das Tier weiterleben kann, wenn man ihm die Haut abgezogen hat.

Wenn Nati hier wäre, könnte er uns eine Menge über Krokodile erzählen. Das Tier ist *marain*, heilig, für ihn und für alle von uns. Der alte Mann sprach selten mit dem Padre, und wenn er hier war, hielt er sich von der Hütte fern – sein Lagerfeuer war hinter dem toten Baum, genau dort drüben auf dem Hügel. Schau, es ist noch da. Der Wind hat die Asche weggeblasen, aber zwei teilweise verbrannte Holzscheite liegen noch auf dem Boden. Mutter dachte, daß er an der Landzunge entlang, die sich von hier bis ins Meer erstreckt, zu seinem Lager und zum Warngi-Kliff gegangen war, wo die *marngit* hingehörten. Man kann den Hügel weit hinter der Bucht sehen; der Wald obendrauf sieht aus wie eine dunkle Wolkenkappe. Er wird jetzt dort drüben sein und auf den Felsen sitzen, seine *bilma*, Klanghölzer, schlagen und singen, um die Geistwesen von *Bralgu* jenseits des Meeres zurückzurufen, damit sie sich um uns und die Tiere und um das ganze

Land kümmern. Wenn sie kommen, werden die Geistwesen *dal* mitbringen, Zauberkraft, um Purelko und jeden, der Hilfe braucht, zu heilen. Ich wünschte, Nati würde sie antreiben. Ohne Mutter ist es mir vielleicht nicht möglich, den armen Jungen zu ernähren.

Ich sollte den toten Baum dort hochklettern und Ausschau halten. Das tat ich letztes Jahr um diese Zeit und stieg bis in die höchsten Äste. Die Landzunge erstreckt sich weit ins Meer, dreht sich dann rund um die Bucht und endet am Warngi-Kliff – sie sieht aus wie der Schwanz eines riesigen Krokodils, der ausschwingt, um einen gewaltigen Tümmler aufzustören, der im Meer schläft.

Ich werde ein bißchen Sand in das Loch schütten und es auffüllen. Falls Mutter heute nacht zurückkommt, wird sie ihn wieder ausgraben. Krokodile haben starke Klauen. Sie können im Boden graben wie Ameisenbären und machen oft Löcher, um darin zu liegen und sich zu wälzen. Schau, Nati hat seine *bilma* hiergelassen. Ich habe ihn nie ohne sie singen hören, aber wenn er es doch tun sollte, könnte es sein, daß die Geistwesen nicht viel Freude an seinem Gesang haben. Die Hölzer – einfache Holzstücke – müssen eine große Bedeutung haben. Schau, sie sind glatt und abgenutzt vom langen Gebrauch. Das Paar Hölzer ist schon alt... die Vorfahren Natis und die Heiler vor ihm müssen schon mit diesen Hölzern gesungen haben.

Der Padre ist wieder aus der Hütte gekommen. Ich werde zum Feuer zurückrennen, damit er nicht hier entlang geht. Der Mann hat ein Bündel Lumpen gebracht und gibt es mir: »Jeder von euch muß sich einen ›Lendenschurz‹ machen. Mädchen sollten einen Umhang tragen.«

Mutter trug einen Umhang aus Sackleinen – er hatte ein paar Löcher, wo ihre dunkle Haut durchschien. Sie nannte ihn *maidja*... einmal fing ihr Umhang Feuer, und ein gut Teil von ihm verbrannte. Hier trug sie den Sack nicht, aber sie mußte ihn anziehen, wann immer sie in die Hütte ging.

Vielleicht kommt heute ein Frachtschiff, und der Padre beeilt sich, die Hütte aufzuräumen, um Platz für die neuen feinen

Sachen zu schaffen. Schon viele Jahreszeiten lang war kein Boot mehr hier. Als es das letzte Mal einlief… ich bezweifle, daß Anabrn und Purelko damals schon geboren waren. Ja, darum hat der Padre sich so feingemacht. Ich frage mich, woher der Mann weiß, daß die Männer hierher unterwegs sind. Vielleicht ist ihm Jesus letzte Nacht im Traum erschienen und hat ihm gesagt, daß Leckerbissen unterwegs sind.

»Ihr könnt ein paar Decken haben; drinnen sind welche.«

Als das Boot das letzte Mal kam, stand hinter der Hütte ein hoher Mast, zu dem ein langes Stück Draht führte – ein Zauberfaden. Mutter vermutete, daß er bis in den Himmel reichte, damit der weiße Mann mit seinem Boß sprechen konnte. Sie nannten es »Radio«. Der Padre mußte nie singen und die Klanghölzer schlagen – er sprach statt dessen in den Draht, wann immer er ein Schiff hierher gesandt haben wollte.

»Wo ist unsere Mammi?« Anabrn schaut auf den Boden, und ihre Stimme zittert.

»Das wird Raunga dir erzählen.«

»Ist sie zum Fluß oder zum Meer gegangen?«

Das Kind ist schüchtern – verbirgt sich hinter mir und bedeckt das Gesicht mit beiden Händen.

Der Padre geht davon, beim Passieren des Tores dreht er sich um: »Falls ich bis zum Abend nicht zurück bin, geht in die Hütte.«

Vielleicht weiß er wegen Mutter Bescheid und glaubt, daß sie heute nacht zurückkommen wird, um uns alle zu entführen. Unser Nati denkt, daß die Weißen grausam gegen Krokodile sind, und der Padre ist vielleicht auch nicht besser als die anderen. Schade, daß er hier war, bevor ich geboren wurde, sogar bevor Mutter geboren war. Nur Nati erinnert sich, wie er ins Dulbu-Land kam. Die anderen alten Burschen wüßten es auch, aber alle sind schon lange nicht mehr da. Sie sagen, der weiße Mann kam vom Meer, angespült auf ein schmales sandiges Stück zwischen den Felsen auf der anderen Seite vom Warngi-Kliff. Er war steif wie ein Baumstamm und kannte unsere Sprache nicht, um uns sagen zu können, woher er kam.

Das Wasser hat sich vom Ufer zurückgezogen und einen langen Streifen Schlamm und Sand hinterlassen – die Bucht sieht aus wie ein Wassertank, dessen Hahn aufgelassen wurde. Es wird Mittag oder sogar noch später sein, bevor das Meer zurückkommt und sich die ersten Wellen zeigen werden. Bis dahin werde ich einen ganzen Sack *njuga*, Krabben, gesammelt haben, genug für eine weit größere *babaru*, Familie, als wir drei es sind.

Vielleicht sollte ich bis zum oberen Ende der Bucht gehen, solange das Ufer trocken ist, und erst auf dem Rückweg Nahrung suchen. Der alte Mann wartet nicht gerne, und je eher ich gehe, desto besser. Wenn... Purelko lasse ich unter diesem Whistling-Baum. Wenn ich ihn nicht tragen muß, kann ich rennen.

»Ruh' dich hier aus, Junge, der Sand ist weich und schattig... Anabrn wird sich für eine Weile um dich kümmern.«

»Kann ich ein paar Krebse suchen?«

»Ja, aber... laß ihn nicht zu nah ans Wasser krabbeln.«

Anabrn fragte nicht, wo ich hinging – vielleicht wußte sie, daß ich *bilma* bei mir hatte. Die Hölzer liegen unten im Vorratsbeutel, der um meinen Nacken hängt. Nati wird sich freuen, sie wiederzukriegen. Dort im Busch, weit jenseits der Bucht, werden sich auch die anderen alten Männer versammeln. Ein ganzer Haufen von ihnen wird nahe am Wasser sitzen, um zu singen und... wie können sie ohne *bilma* singen? Ich habe Nati oft beim Singen im Lager beobachtet. Er schlägt die Hölzer ein paarmal gegeneinander, und dann schwingt sich seine Stimme hoch in die Luft, um über den Wald und die Bucht ins dahinterliegende Land zu dringen. Ab und zu schlagen die *bilma* aneinander, um die Geistwesen auf seinen Ruf aufmerksam zu machen. Ein Singsang wie dieser ist Magie, und wenn er gut gesungen wird, vermag er nicht nur Menschen zu heilen, sondern auch tote Bäume und zerschmetterte Felsen im Dulbu-Land wieder mit Leben zu erfüllen.

Irgendjemand ist gerade hier vorbeigegangen. Entlang des Ufers erstreckt sich bis zum Ende der Bucht eine Fußspur im nassen Sand: Der Padre – niemand anders hier trägt Schuhe. Vielleicht ist er spazierengegangen. Es wird noch eine Weile dauern, bevor die Flut kommt, und ohne die Wellen wird es dem

Schiff nicht möglich sein, einzulaufen. Das Boot muß genau hier reinkommen, wo die beiden Pfostenreihen im Schlamm stecken, auf denen eine lange Plattform aus jungen Baumstämmen liegt. Jetzt ist dort kaum Wasser, aber wenn die Wellen zurückkommen, wird das Meer bis fast an die Spitzen der Pfähle reichen. Der Padre nennt es »Mole«, und sie ist hier, solange ich zurückdenken kann. Es muß harte Arbeit gewesen sein, all diese Stämme aus dem Busch bis hierher zu ziehen und sie in der Bucht zu verankern. Jeder vom Stamm half mit und rackerte sich eine ganze Trockenzeit lang ab, um dieses Ding zu bauen.

Mutter fand nicht, daß die Mole zu irgendetwas gut war, obwohl die Boote regelmäßig einliefen. Sie waren voll beladen, okay – unsere Leute mußten Säcke und Schachteln voller guter Sachen an Land hieven und schließlich hoch zum Lager schleppen. Immer wenn das Boot gekommen war, glich die Hütte des Padres einem hohlen Baumstamm, der mit Honig gefüllt war. Man mußte nur hereinspazieren, das Kreuz anschauen, ein paar Worte des weißen Mannes flüstern, und man kam mit ein, zwei Stückchen Würfelzucker wieder heraus. Ich bekam oft eine Handvoll Kekse und lernte ein kleines Lied zu singen, obwohl ich nie herausfand, was die Worte bedeuteten. Die Frauen mit kleinen Kindern erhielten alle eine Dose, die nicht leicht zu öffnen war. Die Milch da drin war zu dick und fest, um sie auszugießen, aber sie schmeckte gut. Mutter bekam oft einen Topf voll Mehl. Der Puder hatte was… man konnte nicht sagen, ob es Maden waren oder winzige Käfer, aber wenn das Zeug gebacken war, schmeckte es gut. Einmal hat sie *nadu*, gemacht, Fladen, aus… ich weiß nicht, war es Trockenmilch oder Waschpulver. Ganz egal, wie die Nahrungsmittel verpackt waren, jedesmal stand in glänzenden Buchstaben darauf, wie es schmecken sollte. Aber im ganzen Lager konnte nur der Padre lesen.

Schau, dort ist der Padre, weit jenseits der breiten Bucht, nur sein weißes Hemd ist zu sehen, wie es sich am Ufer entlang auf und ab bewegt. Er ist weit gelaufen, fast bis zum Mangrovenwald, wo sich die Spitze des »Schwanzes« ausstreckt, um Warngi-Kliff mit dem Rest des Landes zu verbinden. Es ist ein gefährliches

Stück – jetzt ist es nicht so schlimm, dort zu laufen, aber wenn die Flut kommt, brandet das Meer gegen das Ufer und drängt landeinwärts durch die Mangroven und überflutet einen großen Teil des Landes. Gäbe es nicht einen langen Dünenkamm, der hinter dem Mangrovenwald liegt, um das Kliff vor dem offenen Meer abzuschirmen, würde das Wasser es gänzlich abschneiden.

Ja, die *bilma* sind in meiner Tasche. Die Hölzer sind unser *ranga*, Heiligtum, und wenn sie geschlagen werden, können nur alte Männer und Geistwesen verstehen, was sie sagen. Ich hoffe, daß Nati nicht ärgerlich auf mich ist – wir wissen alle, daß Frauen diesen Teil des Landes nicht betreten dürfen, es sei denn, um initiiert zu werden. Vielleicht ist er gar nicht am See. Die Geistwesen gehen manchmal über die Dünen, um zu fischen oder um Austern zu suchen. Wenn Nati nicht dort ist, werde ich die Hölzer hierlassen und... wenn ich zurück im Lager bin, erscheint er vielleicht in meinen Träumen, um mir mitzuteilen, wann ich wieder zum See kommen soll.

Ob ich Nati sagen sollte, daß das Boot bald wiederkommen wird? Nein, der alte Mann mag die Neuigkeit vielleicht nicht. Letztes Mal, als das Boot hier war, brachte es stapelweise Holz, Wellblechteile, Türen, Fenster und Rollen mit Maschendraht. Der Padre wollte eine Kirche bauen – kein Vergleich zu der Hütte, viel größer. Das Gebäude sollte auf dem Hügel im Lager errichtet werden, und das Gerücht ging um, daß, sobald es fertig wäre, der Padre auf das Dach steigen würde, um über den Wald zum See zu schauen, was unsere Geistwesen trieben. Er errichtete einen Drahtzaun um das Lager, aber mehr nicht. Die Bauteile der Kirche liegen immer noch im Busch nahe der Mole. Man kann jetzt nicht mehr viel davon erkennen. Die Wellblechstapel sind von Büschen und Lianen überwuchert, und was die Holzstapel betrifft – die Ameisen haben das Ganze gefressen. Die Fenster sind noch da, versteckt hinter einer dicken Schicht Blätter, und nur ab und zu, wenn *walu*, die Sonne, hereinscheint, blinkt das Glas zurück, um zu melden, daß das Zeug noch dort liegt.

Hier ist nicht mehr viel vom Meer zu sehen, nur ein Wasserarm, der von der Bucht hereinkommt, um das Ufer auf dieser

Seite vom Warngi-Kliff drüben zu trennen. Er sieht aus wie die Zunge eines hechelnden Tieres. Drüben zeichnet sich das Kliff ab, riesig – es reicht fast an die Wolken. Die Felsen zur Bucht hin strecken sich hoch wie eine Mauer. Der ganze Hügel hat den Umriß eines Wals, und tatsächlich war er einst ein *warngi*, ein Seemonster. Unser Nati sagt, daß während der Traumzeit, als die Traumzeit-Ahnen Dulbu-Land geschaffen haben, ein riesiges Meeresungeheuer auf das Land gestürmt ist, um sie zu fressen. Einer unserer Traumzeit-Ahnen, der Krokodil-Mann, verließ schnellstens den See dort im Busch und tauchte in die Bucht. Er schwamm eine Weile unter Wasser, und als er wieder auftauchte, waren seine Kiefer weit geöffnet. Er schnappte nach dem Monster und riß ein großes Stück heraus, bevor *warngi* ihn überhaupt sehen konnte.

Die Kliff-Seite, die dem schmalen Landstreifen gegenüber liegt... Schau – der Padre klettert den felsigen Pfad hoch... er wird nicht mehr weit gehen müssen, bevor er das Ende der Felswand erreicht. Schnell, ich sollte das Ufer besser verlassen und durch den Busch gehen; ich will nicht, daß er mich sieht. Der See kann nicht mehr weit weg sein, er liegt irgendwo dort im Busch zwischen hier und dem Rand der Mangrovensümpfe.

Ich frage mich, was der Padre hier tut. Vielleicht möchte er vom Kliff aus einen guten Überblick haben, um zu sehen, wie weit das Schiff draußen auf dem Meer ist. Vielleicht fährt das Boot am Dulbu-Land vorbei und bringt die feinen Sachen woanders hin. Er wird rufen müssen oder winken, um die weißen Männer herzuholen. Früher gab es auf dem Hügel im Lager einen hohen Mast, und jedesmal, wenn ein Schiff kommen sollte, wehte eine Fahne von der Spitze. Das half, aber der Mast ist schon lange weg... vielleicht zieht der Padre jetzt sein Hemd aus und winkt damit vom Kliff, damit seine Kumpane hier landen. Ja, das tut er, ich kann ihn durch die Äste sehen. Sein Hemd muß offen sein – es flattert im Wind. Ich frage mich, wie lange er wohl dort bleibt. Die Flut ist noch nicht zurück, aber lange dauert es sicher nicht mehr, bevor die Wellen über das Ufer in die Mangrovensümpfe rollen. Dann wird es schwer sein, vom Kliff zurückzukehren.

Ich werde durch den Busch laufen und den See suchen. Er kann nicht weit weg sein und... ich hoffe, er kommt bald – ich kriege Durst. Der Padre vielleicht auch. Bei den Felsen gibt es kaum Trinkwasser. Seine weißen Kumpane haben ihn vielleicht vergessen und kommen gar nicht. Mutter sagt, er hat sehr ärgerlich mit seinem Boß gesprochen. Kurz nachdem das letzte Schiff hier war, ging irgendetwas mit unserem Volk schief. Zuerst starben ein paar Kinder und dann viele von uns; jung und alt wurde krank.

»Es ist eine Seuche – sie kann uns alle vernichten!« Der Padre brüllte in den Zauberdraht – man konnte seine Stimme durch das ganze Lager hören. »Schickt uns die verdammten Ärzte und Medizin – und zwar schnell, um Himmels willen.« Tagelang konnte man seine Stimme hören. Es klang, als würde er an dem lauten Brüllen ersticken, aber statt dessen wurde er ärgerlich und... das Funkgerät wurde aus dem Fenster geschmissen und zerbrach, als es auf den Boden fiel.

Die verdammten Ärzte kamen nie. Unser Nati hatte recht, als er meinte, daß das Boot nie mehr käme, weil es nichts mehr aus unserem Land gab, was sie mitnehmen konnten. Ein paar Stapel Krokodilhäute wurden weggeschickt, aber das waren nur ein paar kleine Krümel im Vergleich zu all den guten Sachen, die hereingebracht worden waren – zu wenig, um den Boß des Padres zufriedenzustellen.

Für einen kräftigen Schluck muß ich mich zum Wasser runterknien, vielleicht auf die Uferböschung des Sees legen und mich vorbeugen. Der See ist ziemlich groß, gut versteckt im Busch. Riesige Papierrindenbäume sind himmelhoch gewachsen. Sie geben nicht viel Schatten, schirmen den Platz aber gut nach außen ab. Der Boden dort drüben bei dem riesigen Felsen sieht kahl und freigemacht aus – sogar die Oberfläche des Felsens scheint glatt zu sein, vielleicht von Menschen und Geistwesen gleichermaßen berührt.

Ich will mich vorsichtig nähern, die Männer ruhen vielleicht, und alte Menschen werden nicht gerne gestört. Sie könnten hinter den Büschen im Schatten versteckt sein, oder... ja, sie sollten auf dem Grund des Sees ruhen, wie all unsere Totemseelen. Ich frage mich, ob Nati dort sein wird oder... nein, wahrscheinlich ist er weiter unten an der Spitze vom Warngi-Kliff. Schau, dort führt eine Spur in diese Richtung. Der Pfad schlängelt sich um die Mangrovensümpfe zu dem sandigen Hügel dahinter, und dann führt ein langer Landrücken zum Kliff. Der alte Mann muß oft vom Hügel hier herunterkommen, mit den Geistwesen singen und tanzen und dann zurück nach *Warngi* laufen – von dort kann man das ganze Dulbu-Land beobachten.

Ich gehe besser. Ich werde noch die *bilma*-Klanghölzer oben auf dem Felsen liegenlassen und ein anderes Mal wiederkommen, wenn sie mich haben wollen. Schau, irgendetwas hat sich gerade im See bewegt. Auf der Oberfläche treiben zwei Blütenknospen. Nein, das ist ein grünes Augenpaar und... die Schnauze ist da drüben – Krokodile tauchen oft zwischen den Wasserlilien auf, um Luft zu holen, und sie zeigen sich nicht, wenn sie in Ruhe gelassen werden wollen.

Die Flut kommt. Die Wellen jagen einander und rollen gegen das Ufer. Nicht mehr lange und das Wasser schiebt sich über den schmalen Damm und ergießt seine Flut in den Mangrovenwald dahinter. Der Padre müßte jetzt vom Kliff herunter sein, sonst schafft er es nicht mehr zurück. Vielleicht ist er auf die andere Seite des Hügels gegangen. Mutter erzählte uns, daß dort zwischen den Felsen die Überreste eines Flugzeuges feststecken, die ans Ufer gespült wurden. Das Metall verrottet nicht so schnell und kann von den Ameisen nicht gefressen werden. Mutter glaubt, daß das Wrack seit dem »Krieg« dort ist. Wie lange das auch immer her sein mag, es liegt weiter zurück, als sie sich erinnern kann. Als das Flugzeug ins Meer stürzte, waren viele weiße Männer an Bord. Vielleicht schafften es einige von ihnen bis zum Ufer weiter oben an der Küste, aber man hat niemals etwas von ihnen gehört. Wir wüßten auch nichts über den Padre, wenn Nati ihn nicht gefunden hätte.

Die Sonne steht schon tief am Himmel. Jetzt wird es nicht mehr lange dauern, dann stürzt sie ins Meer. Ich beeile mich lieber, zurückzukommen – Anabrn und Purelko werden sauer auf mich sein, daß ich sie so lange alleine ließ. Wahrscheinlich rufen sie schon nach mir, aber Kinder haben schwache Stimmen und... sie werden dünner, wenn einen der Hunger beutelt. Es würde das Brüllen eines Didjeridus brauchen, nicht nur eine Stimme, um gegen das Heulen des Meeres anzukommen und diesen Teil der Bucht zu erreichen.

Schau, ein weißes Kleidungsstück ist angeschwemmt worden, die Wellen schlagen noch dagegen: Das Hemd des Padres – nein, die Hälfte davon. Sein Hut ist auch da, treibt dort auf dem Wasser, als ob er nach dem besten Platz für eine Landung ausschaut. Vielleicht... Der Padre ist Nati und den anderen begegnet. Gut, daß sie ihn mitgenommen haben. Er lebte ständig in unserem Land von dem Tag an, als Nati ihn am Ufer fand. Der Mann ist sicher zu enttäuscht, um zu seinem Boß zu gehen. So ist es besser. Wir werden nicht viel von ihm sehen, aber dann und wann wird er uns in unseren Träumen begegnen.

Ich werde das Hemd und den Hut aufheben, zur Mole tragen und dort auf einen Pfahl legen. Wenn das Schiff wieder vorbeikommt, können die Weißen ihre Kleider zurückhaben.

Bungawa, mein Besitzer

In Murngin, meinem Stammesland, bellen die Dingos nicht. Sie streifen still herum und suchen schnüffelnd nach Nahrung. Und hier ist es klüger, keinen Laut von zu geben. Die Stadt ist ein Ameisenhaufen voller Weißer, und man ist einer gegen alle.

Wissen die Weißen, daß ich anders bin als die übrigen Hunde? Bungawa, mein Besitzer, kann weder die Farbe meines Fells noch den Umriß meiner Schnauze sehen. Er läuft immer einen Schritt hinter mir, und solange ich ihn gut führe, scheint nichts anderes zu zählen. Heute hat er nicht viel gesagt, nicht einmal, wohin ich ihn führen soll. Vielleicht hat er gefühlt, daß es nicht mehr lange dauern wird, bis wir uns trennen. Später, am Nachmittag, wird Jambawal, der Stammes-Ahne aus unserer Traumzeit, zu mir kommen. Die Weißen reden nicht viel darüber. Sie fürchten sich sogar, von ihm zu sprechen.

»Wohin gehen wir, mein Mädchen?«

Bungawa sollte es eigentlich wissen. Der Blinde kann genau so gut fühlen und spüren wie die Tiere. Die Küste ist immer noch zwei Ruflängen weit entfernt und von hier aus nicht zu sehen, aber man ahnt sie schon. Hinter uns ist die Stadt – das Geräusch von knurrenden Maschinen rollt durch den Nebel. Vor uns liegt der freie Himmel.

»Natürlich, heute müssen wir die massigen Frachtschiffe ›besuchen‹.« Wie konnte Bungawa das vergessen haben – jeden zweiten Tag führe ich ihn durch den Park, der sich zwischen Stadt und Bucht hinzieht. Man kann einem gut angelegten Pfad folgen, aber selbst wenn keiner da wäre, hätten wir einen getrampelt – so oft sind wir schon hier gewesen. Der Pfad endet an einem Kliff, von dem man den Hafen überblicken kann, und das Meer erstreckt sich viele Himmel weit. Bungawa sieht nicht das Geringste. Er ruht sich gerne auf einer Bank aus und hört dem Lärm der bulligen Frachter zu, die beim Erzumschlagplatz ein- und auslaufen.

»Eine kühle Brise würde uns jetzt guttun. Hoffentlich ist die Küste nicht mehr weit weg.«

An den Tagen, an denen wir nicht hierher kommen, begleite ich Bungawa zur Börse. Es ist ein viel kürzerer Ausflug, und ich kann ausgestreckt auf dem Boden der Halle eine lange Pause einlegen. Der Platz riecht nach Tabak und verbreitet viel Unruhe, so als ob die ganze Welt in einen Abgrund geglitten sei, und die Weißen ziehen und zerren, um sie zurückzuholen. Ich frage mich, was Bungawa hier interessiert? Er kann die Anzeigen und Zahlen auf den Tafeln nicht lesen, obwohl er genauso darauf starrt wie die anderen. Einige seiner Kumpel wispern ihm zu, was vor sich geht, aber ich würde ihnen nicht trauen.

Ein Ruck am Geschirr hält mich zurück. »Bleib mal stehen, Mädchen. Die Sonne ist gnadenlos.«

Wenn die Sonne so brennt, bleibt man im Schatten, es sei denn, man wird verfolgt. Jeder schwarze Mann und jedes Tier im Busch weiß das. Man schützt sich, bis die Schatten länger werden und die Luft weicher wird. Bungawa weiß das. Er hat einen gut Teil seines Lebens in Murngin verbracht und kennt den Busch – vielleicht besser, als seine Augen es vertragen konnten, bevor sie ihren Dienst aufgaben. Sie taugten von Anfang an nicht viel. Er trug eine Brille – aber ich glaube nicht, daß er sie trug, um besser zu sehen, sondern um sein Gesicht vor den Ästen und dem harten Speergras zu schützen, wenn er durch den Busch stürmte, um nach Steinen zu suchen.

Es ist tatsächlich ein heißer Tag. Ich werde mich zu Tode hecheln. Gut, daß wir im Schatten ausruhen. Diese Luft zu atmen ist so, als ob man sich über einen Topf mit kochendem Wasser beugt. Später wird es einen ziemlichen Sturm geben – einen Zyklon, vermute ich. Jambawal, der Donnermann, bringt ihn mit sich, wenn er ärgerlich ist. Und diesmal hat er einen langen Weg antreten müssen – um mich zu holen. Vielleicht ist er erschöpft von der langen Reise und bringt nur einen Platzregen, ohne tobenden Sturm. Aber eigentlich ermüden die Geistwesen nicht so schnell – man kann bis ans Ende der Welt des weißen Mannes gehen, in eine Fliege oder eine Ameise verwandelt werden, aber man bleibt immer einer aus dem Stamm, und früher oder später werden sie kommen müssen, um dich wieder zurückzuholen.

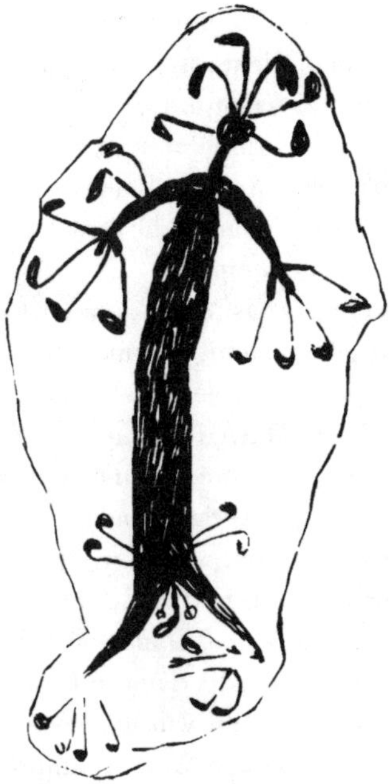

»Du wirst schnell müde, altes Mädchen. Das ist das Alter.«

Was wird Bungawa machen, wenn ich sterbe? Sich einen jüngeren Hund kaufen, vielleicht einen Schäferhund? Nein, das ist eine launische Rasse, der würde nach seinen Freunden an der Börse schnappen. Die Männer dort sind Grobiane – man hat mir so oft auf den Schwanz getreten, daß eine große Schwiele dort gewachsen ist, und wie sehr ich mich auch bemühe, ich kann nicht mehr damit wedeln. Ich sagte nichts. Die Weißen hören nicht gerne andere Stimmen außer ihrer eigenen, und was hätte es mir genützt, meine Wut zu zeigen? Es hätte nur mein Leben verkürzt. Dieser Ort, die Börse, setzt mir mehr zu als die heiße Sonne. Vielleicht kommt es daher, daß ich weder dem An- und Verkauf noch den Zahlen folgen kann, und Wände anstarren macht müde. Und immer wenn ich meine Augen schließe, um zu dösen, fällt es einem von Bungawas Kumpanen ein, mir heftig auf den Schwanz zu treten. Schon vor langer Zeit habe ich gelernt, ihn unter meine

Beine zu rollen, aber das hilft nur bedingt. Gestern hielt der gleiche weiße Mann seinen Zigarrenstumpen an meine Tasthaare, verbrannte zwei davon und nahm mit dem brennenden Ende ein Stück Haut mit. Die Weißen drumherum flüsterten eine Weile und kicherten dann – sie planten, mir einen Stumpen unter den Schwanz zu stecken. Gut, daß ich zu denen nicht zurückkehren werde, das wird mir und Bungawa Ärger ersparen.

»Komm, altes Mädchen, das Meer kann jetzt nicht mehr weit sein.« Er zieht am Geschirr, damit ich mich beeile.

Schade, daß wir nicht eher gestartet sind, als die Schatten länger waren. Als wir in Murngin lebten, stand Bungawa im Morgengrauen auf, trieb mich an, schnell den Kessel für den Morgentee aufzusetzen, und verschwand dann im Busch, um nach Steinen zu suchen. Warum war er so verrückt nach ihnen? Man kann keine Steine essen, und auf ihnen wächst nichts als Moos und Flechten. In unserem Stammesland spaltete er ein Stück vom Felsen ab und starrte dann auf das Muster, um zu sehen, ob es ihm Glück bringen würde. Sogar nachts im Zelt, wenn er schlief, pflegte er einige Worte zu murmeln und gegen mich zu klopfen, als ob auch ich zu einem Felsen geworden sei.

Ein abgebrochener Ast liegt quer über dem Pfad. Ich muß langsam tun und drumherum gehen. Wenn er über das Stück stolpert, könnte Bungawa vornüberfallen. Er kümmerte sich nie um unser Kind, als ich *galei*, seine Frau, war. Der Junge hatte blaue Augen – meine Mutter nannte ihn Boß. Sie kümmerte sich um ihn, stillte den kleinen Burschen sogar, so wie sie das mit ihrem eigenen Kind auch gemacht hätte. Ich sah nicht viel von dem Jungen – ich mußte Bungawa durch den Busch folgen, während er die Steine suchte –, und wir sprachen nie über Boß. Wenn man einem Mann zugeteilt wird, um sein Lagerfeuer zu entfachen und ihn nachts warmzuhalten, spricht man nur, wenn man gefragt wird.

»Der Hafen tönt geschäftig.« Bungawa sitzt auf der Bank in Richtung der Bucht.

Unten haben zwei Schiffe am Kai des Erz-Umschlagplatzes angelegt, und die Maschinen beeilen sich, die Steine aus dem

Metallbauch der massigen Frachter zu entladen. Draußen auf See erscheinen drei weitere Schiffe und zeichnen sich gegen den wolkigen Himmel ab, während sie darauf warten, von ihrer Fracht befreit zu werden. Die Maschinen werden schnell sein müssen. Die Wolken sind sturmgeladen, und wenn sie hier ankommen... Ich glaube nicht, daß Jambawal darauf achten wird, was er überrollt oder am Kliff zerschmettert.

»Komm, altes Mädchen, ruh' dich unter der Bank aus. Morgen werde ich dir ein neues Geschirr kaufen.« Er spricht laut, damit seine Stimme nicht im Lärm der rüttelnden Steine vom Umschlagplatz untergeht.

Wird er ärgerlich auf mich sein, daß ich ihn verlasse? Wenn wir alt werden, müssen wir zu unseren eigenen Leuten gehen. Die weiße Welt ist zu verschieden von der schwarzen – die Geistwesen aus der Traumzeit können dort nicht zu Hause sein. Bungawa muß das wissen. Wenn er verärgert ist, sagt er nicht viel, aber er zischt durch die Nase. Vor Jahren, als ich mit Boß schwanger war, war er die ganze Trockenzeit über launisch. Wir zogen Steine suchend und neue Lager aufschlagend durch Murngin, und er sagte nur selten etwas. Die Stammesältesten hätten ihn davon unterrichten sollen, daß ein Mädchen, das erwachsen wird und initiiert, *bala*, sich zu einer Mutter wandelt. Es spielt keine Rolle, welche Haut- oder Augenfarbe das Kind hat, es bleibt beim Stamm im Busch, und seine Heimat ist das Lagerfeuer. Was auch immer mit dem Land, den Bäumen, Felsen und Sträuchern passiert, es wird ein Teil davon sein. Vielleicht ist es besser so – wenn er seinem Vater gefolgt wäre, was wäre wohl aus Boß geworden? Die Stammeskinder lesen weder Namen noch Zahlen an der Börse, und hier auf dem Kliff zu sitzen und das Abladen von Erz zu beobachten, ist nicht lustig, wenn deine Seele schwarz ist.

Jambawal rollt über den Himmel und treibt die Wolken zur Küste. Da ist er, der mächtige Traumzeit-Ahne. Ich hatte immer Angst, daß ich zu weit weggegangen bin, so daß er mich nicht mehr findet. Die Stammesältesten sagen, Jambawal würde bis ans Ende der Welt reisen, um sich eine schwarze Seele zurückgeben zu lassen. Wie dem auch sei, ich glaube nicht, daß es schwer für ihn war, mich zu finden – er mußte nur einem dieser Schiffe quer über das Meer folgen. Die Steine auf dem Umschlagplatz kommen aus dem Murngin-Land. Ich habe bislang nicht erfahren können, warum sie hierher gebracht werden. Niemand ißt die Steine – vielleicht brauchen die Weißen sie, um sie sich gegenseitig an den Kopf zu schmeißen.

Blitze durchbrechen die dunklen Wolkenberge. Bungawa kann das nicht sehen, aber er muß den Donner gehört haben, der Himmel und Erde erschüttert.

»Ein guter Regen kann nicht schaden.«

Bungawa scheint nicht ängstlich zu sein. Er hat Jambawal schon in Murngin wütend erlebt. Er behauptet, er habe sein Augenlicht beim Sprengen eines Felsens mit »Dynamit« verloren, aber seit er ins Stammesland gekommen ist, hat er Felsen um Felsen gesprengt, ohne daß etwas passiert ist. Ich glaube, der Traumzeit-Ahne war es leid, dem weißen Mann zuzuschauen, wie er die Felsen zertrümmerte, und so dachte er sich etwas aus, um ihn aus unserem Land zu jagen. Die Blitze sollten ihn abschrekken, aber sie waren zu stark und verbrannten seine Augen.

Der Himmel teilt sich erneut, und der Sturm erreicht die Bucht. Eine Wasserwand erhebt sich über den Schiffen und dem Umschlagplatz und spült alles auf einmal fort. Eine Welle türmt sich hoch in den Himmel, peitscht über das Ufer und kracht gegen das Kliff. Jetzt also kommt Jambawal, um mich zu holen. Ich muß meine Augen schließen und mich tragen lassen. Es dürfte nicht lange dauern... kürzer als ein Traum, und wenn ich aufwache, werde ich in der schwarzen Geisteswelt sein. Jede Murngin-Seele wird dort sein – auch Boß. Ja, unseren Traumzeit-Ahnen ist es egal, ob jemand blaue Augen und eine andere Hautfarbe hat. Wenn Murngin dein Mutterland ist, gehörst auch du zur Geisteswelt. Die Weißen können dich viele Himmel weit wegbringen und in was auch immer verwandeln, Jambawal wird da sein, um dir am Ende zu helfen.

Das Wasser hat sich vom Kliff zurückgezogen. Mein Geschirr hängt an der Bank fest und hält mich zurück. Warum hat Jambawal mich nicht befreit? Vielleicht – ja, weit unten im Meer hängt ein zerrissenes Hemd am Felsen. Genauso wenig, wie man in der Geisteswelt Kleider trägt, sprengt man dort Felsen. Bungawa, mein Besitzer, wird dort zwischen all den Schwarzen einsam sein. Vielleicht… ja, deswegen hat Jambawal ihn dorthin gebracht.

Yudu, die Kinder

Nach der Geburt schreien Kinder mitleiderregend – als ob die Seele aus ihnen herausgezerrt würde. Bis jetzt ist noch niemand imstande gewesen, mir zu erklären, warum das so ist. Die Weißen haben für alles eine Erklärung, wenn man ihnen nur glauben könnte, und die Stammesältesten… sie sprechen die Wahrheit, aber ich traue mich nicht, sie zu fragen.

Hoffentlich geht es diesmal schnell, und hoffentlich dauern die Schreie nicht lange. Die Siedlung kann jetzt nicht mehr weit weg sein, vielleicht noch zwei Tagesreisen. Zuerst wird man den Berg Djangau erkennen, der sich in der Ferne wie eine Wolke abzeichnet, aber so klar, daß sogar jemand, der mit verbundenen Augen herumläuft, ihn nicht übersehen kann. Von hier bis zum Horizont, egal, wo man übers Land schaut, gibt es keine Erhebung wie Djangau.

Die Reise sollte nicht schwierig sein – quer durch die Galpu- und Reyun-Territorien –, aber mit einem so schweren Bauch ist es, als ob man einen Felsen mit sich rumschleppt. Und aus Rücksicht auf das kleine *yudu* kann ich nicht so schnell gehen. Obwohl noch nicht geboren, kann ein Kind genauso Launen haben wie ein Erwachsener. Und dieses hier tritt heftig um sich; natürlich nicht, um mich zu verletzen, aber stark genug, um mich daran zu erinnern, daß man nicht herumrast, wenn man Mutter wird.

Die Sonne hockt auf dem Waldrand. Ich sollte besser anhalten und ein Lager aufschlagen, denn hinter dem Pandanus-Wäldchen ist eine Felsenhöhle versteckt, kaum eine halbe Ruflänge vom Buschpfad entfernt. Sogar jetzt ist sie ein guter Rastplatz, aber während der Regenzeit ist er noch besser, denn er ist immer trocken. Jetzt wird er vielleicht einsam und verlassen aussehen, aber zur Zeit meiner Mutter und lange vorher – seit der Traumzeit, als die Geistwesen herumzogen, um das Land und die Felsen zu formen – war die Höhle das Heim vieler *babaru*, Familien, beider Stämme, der Reyun- und Galpu-Leute. Als ich letztes Mal auf dem Weg zur Siedlung war, habe ich hier gelagert, und eine Saison oder zwei früher auch schon. Der Felsen schützt tagsüber vor der heißen Sonne und spendet nachts wohlige Wärme. Heute nacht werde ich wieder ein Feuer machen, nicht nur, weil es schön ist, dem Licht der tanzenden Flammen auf der Oberfläche des Felsens zuzuschauen und dem Flackern unter den Ästen der Bäume, sondern weil es einem versichert, daß man nicht alleine im Busch ist. Tiere, Geistwesen, sogar die Weißen, die herumwandern, werden wissen, daß das Feuer diesen Platz als mein Lager markiert. Ein Paar *dudji*, Feuerhölzer, sind hier in meinem *badi*, Vorratsbeutel, und dazu der kleine Speer, kaum eine Hand lang, den ich gemacht habe, um den Geistwesen mitzuteilen, daß das Kind, das ich haben werde, ein Junge sein soll. Letztes Mal habe ich einen winzigen *badi* gemacht, nicht größer als eine Pandanus-Nuß, und genau wie ich erwartet hatte, wurde das Mädchen Eanibugei geboren. Der Name, den ich ihr gab, war der der Schildkröte, von der ich träumte, als ich das Kind zum ersten Mal in mir fühlte. Ich bezweifle, daß die Weißen sie so nennen werden. Nicht nur, daß sie sich die Zunge dabei verrenken würden – ihre Lehren zielen darauf, das Mädchen von seinen Wurzeln abzuschneiden. Weg von der Erde, dem Himmel und den Geistwesen, von denen sie abstammt.

Auf dem Weg zur Höhle werde ich Holz sammeln und eine Handvoll trockenes Gras, um damit den ersten Funken einzufangen, den ich mit meinen drehenden *dudji* erzeuge. Dann, wenn es raucht, brauche ich einige Zweige und tote Blätter, um das Feuer dazu zu bringen, zu den dickeren Holzstücken überzuspringen. Nicht alle von uns machen das auf diese Art und Weise, Midinari zum Beispiel, mein *duwei*, Mann, benutzt weiche Rinde statt Gras. Er war mit mir unterwegs – nicht beim letzten Mal, aber davor, viel früher –, und ich kann mich erinnern, daß er nicht glücklich darüber war, hier am Felsen zu lagern.

Ein Känguruh hatte sich in der Höhle versteckt. Unser Kommen verscheuchte es, und das Tier verschwand mit blitzschnellen Sprüngen in einer mit Buschwerk bewachsenen Schlucht. Das Känguruh ist *marain*, Totem, für Midinari – daher hat er niemals seinen Speer dagegen erhoben, und er würde jeden bekämpfen, der es wagt, das in Galpu, seinem Stammesland, zu tun. Aber ich… na ja, ich brüllte dem Tier hinterher, wie es ein Jäger tun würde, und obwohl ich das nicht böse meinte, regte er sich darüber auf. Wenn Menschen alt werden, geben sie sich ganz besondere Mühe, die Geistwesen nicht zu verärgern; vielleicht weil sie nicht wissen, wieviel Zeit ihnen noch zur Wiedergutmachung bleibt.

Bevor es dunkel wird, sollte ich noch nach Nahrung suchen. Hinter den Felsen erstreckt sich ein Pandanus-Tal, und ein oder zwei Ruflängen weiter liegt ein seit langem ausgetrocknetes Wasserloch. Vielleicht finde ich einige Beeren im Busch – eine Handvoll würde mir reichen –, aber seit einigen Jahren beschert uns das Land wenig. Der Pandanus-Baum trägt selten Nüsse, und die Tiere sind geflohen. Es ist, als ob das ganze Land durch die Invasion des weißen Mannes wie gelähmt ist vor Kummer. Wenn ich nichts anderes finden kann, muß ich nach Larven suchen – es stehen genug tote Bäume herum, an deren Stümpfen die Rinde in Fetzen hängt.

Was für ein starker Tritt in meinem Bauch! Noch ein paar mehr davon werden mir den Bauch aufreißen. »Beruhige dich mal, mein Sohn. Reg' dich nicht auf.« Ich muß mich hinsetzen. Dieser Ameisenhügel ist okay. Das Kind wird bald kommen – höchstens noch ein paar Tage. Ah, wie er tritt! Ich kann es mit meinen Handflächen fühlen, die ich auf den Bauch lege. Das Kind wird wissen, daß ich auf dem Weg in die Siedlung bin – wenn es keine Möglichkeit gäbe, das zu fühlen, würden es ihm die Geistwesen erzählen. Ich frage mich, wie die weißen Kinder ins Leben gerufen werden, wenn keiner von denen an die Geistwesen glaubt. Das sagen sie jedenfalls – aber vielleicht ist die Krankenschwester in Wirklichkeit des weißen Mannes Geistwesen. Sie trägt immer weiße Sachen, und sie behauptet, sie sei das gleiche wie *marngit*, unser Medizinmann. Aber das bezweifle ich. Nicht, weil sie eine Frau ist – auch die Djungau-Schwestern waren weiblich und halfen ihrem Bruder, das ganze Land zu erschaffen... Nein, sie lacht zuviel und tätschelt sogar meine Schulter. Aber ich will nicht ungerecht sein, sie ist freundlich. Wann immer ich im Hospital vorbeigekommen bin, hat sie mir eine Ladung Köstlichkeiten mitgegeben – ganze Bündel heller

Kleider mit glänzenden Knöpfen und Reißverschlüssen. Immer eine Decke oder sogar zwei und Nahrung. Ja, schachtelweise Kekse, Würfelzucker und Tabak für meinen *duwei*, um auch dem alten Burschen eine Freude zu machen. Einmal hat sie mir sogar eine Axt für ihn mitgegeben.

Mitten auf dem Pfad ist ein Loch, tief wie ein Brunnen. Gott sei Dank bin ich nicht reingetreten, es muß vor ein oder zwei Jahren gegraben worden sein und ist gut mit kleinen Zweigen und trockenen Blättern getarnt. Ein kleines Känguruh ist hereingefallen, und jetzt sind nur noch seine Knochen und die seines Jungen übrig. Wer immer die Falle baute, kam nicht zurück, um seinen Fang abzuholen, also war es wahrscheinlich ein weißer Mann. Sie vergessen diese Dinge so leicht, wenn sie irgendetwas anderes gefunden haben, was sie interessiert. Eine Pumpe quietscht am entfernten Ende des Wasserlochs, saugt Wasser aus den Tiefen und preßt es durch ein Rohr den ganzen Weg zur Siedlung. Die Weißen kommen dann und wann vorbei, um nach der Pumpe zu sehen, wenn sie im Busch rumlaufen und nach Vögeln und anderen Tieren suchen. Sie sind auch weit entfernt von hier am oberen Teil des Marngu-Flusses gesehen worden, tief in den Hügeln und fast am Ende des Galpu-Territoriums. Worin auch immer der Spaß beim Fallenstellen liegen mag, das gefangene Känguruh und sein Junges werden den Weißen keine Freude machen. Diese Tiere kann man nicht wie Kakadus in Käfigen halten. Sie werden nie lernen, auch nur ein einziges Wort zu den Menschen zu sprechen, und würden lieber vor Hunger sterben, als Futter aus einer weißen Hand anzunehmen.

Jetzt ist die Pumpe still, aber sie kann sehr laut sein, besonders, wenn der Wind aus dieser Richtung kommt und das Rattern von Metall sich in der Höhle fängt und durch den ganzen Busch widerhallt. Der Lärm war sogar in der Nacht zu hören. Er saugte nicht nur das Wasser weg, sondern auch die Vögel und Tiere, die in Panik flohen. Das machte Midinari so ärgerlich, daß er einmal seine Axt nahm und einen Teil des metallenen Biestes zerstörte, das daraufhin plötzlich verstummte – aber nicht für lange.

Ein kleiner Schwarm *margu*, fliegende Hunde, schwirrt um

die Baumspitzen, und ihre schrillen Schreie werden von den Felsen und dem trockenen Wasserloch zurückgeworfen. Hier habe ich vorher noch nie fliegende Hunde gesehen. Gewöhnlich halten sie sich weiter unten an der Flußmündung des Marngu-Rivers auf, im Reyun-Territorium. Dort hängen ganze Trauben in den Mangrovenwäldern, die längs der Küste hinter dem Berg Djangau liegen. Obwohl sie starke Flügel haben und oft weit fliegen, bin ich überrascht, daß es hier genug Futter gibt, das sie anzieht. Es gibt ja kaum Beeren hier im Busch. Vielleicht sind die *margu* aus den Mangroven vertrieben worden, denn die Weißen sind in Reyun überall. Sie verbreiten sich übers Land wie die Ameisen, graben Erde und Steine aus und schleppen alles weg übers Meer.

»He, mach langsam, Kleiner. Tu' deiner alten Mutter nicht weh. Ich werde mich für einen Moment ruhig hinsetzen. Ist es so besser?«

Egal, in welcher Gestalt wir ins Leben kommen, sei es als Vogel, Tier oder Mensch, ein gewisser Instinkt bleibt, der uns sagt, wenn wir nicht erwünscht sind und fliehen müssen, um nicht zertrampelt zu werden. Als Midinari aus dem Gefängnis befreit wurde, ging er von hier weg in die Berge zu den Quelläufen des Flusses. Wahrscheinlich hätte er uns bis hinter den Horizont gebracht, wenn es dort ein Stück unseres Landes geben würde, auf dem man sein Lager aufschlagen kann. Ich werde ihm nichts von dem Känguruh in der Falle erzählen. Es würde ihn traurig machen. Sein Ärger ist wie rote Glut in der Asche, er könnte jederzeit gegen die Weißen aufflammen. Im Gefängnis haben sie es Midinari wirklich gegeben. Er berichtete, daß sie ihn plattgemacht haben und... er sah aus, als ob ein Bulldozer oder eine dieser großen erdbewegenden Maschinen über ihn gerollt sei – solche tiefen Wunden in seinem Gesicht konnten kaum durch etwas anderes entstanden sein. Vielleicht wollten sie Midinari wirklich ausradieren. Sie konnten nicht wissen, daß mein *wawa*, mein Bruder Ruria, ihm helfen würde, indem er den *marngit* suchte. Dieser Medizinmann sang tagelang, und durch seinen *dal*, seinen Zauber, und mit der Hilfe aus der geistigen Welt heilte Midinaris Gesicht, bis auf... da ist immer noch dieser Fleck, wo einmal ein Auge war. Es blutet nicht mehr, aber es ist ein feuriges Rot, näßt oft und zieht Fliegen an, die in Trauben um das Loch krabbeln, um ihre Larven in der zarten Haut abzulegen.

Einer der *margu* klammert mit seinen fingerartigen Klauen am überhängenden Felsen der Höhle und beobachtet mich, wie ich Feuer mache. Er dreht seinen Kopf, um jede meiner Bewegungen zu verfolgen, obwohl es fast dunkel geworden ist und alle *margu* draußen sein sollten, um Futter zu suchen anstatt in der Höhle herumzulungern. Ich muß mich vorsichtig bewegen, um ihn nicht zu erschrecken, denn Flughunde sind *marain* für alle Reyun-Leute. Eigentlich sollte ich froh sein, diese friedlichen Kreaturen im Galpu-Land anzutreffen, aber hier gibt es keine Mangroven- oder Pandanus-Wälder für sie, in denen sie während des Tages hängen können, um der Sonne zu entfliehen – und es gibt keine Nahrung.

Die Weißen kommen selten in diesen Teil des Landes. Ihre malträtierten Autos, die zwischen den Felsen herumschleichen und über die Hänge krauchen, heulen wie mißhandelte Tiere. Der metallene Ton eilt ihnen quer durchs Land voraus. Sie kommen, um nach *urban*, Emu-Küken, zu suchen. Und jedes Mal ziehen sie eine Schau ab, wenn sie Midinaris Erlaubnis einholen, um die Vögel in seinem Stammesland zu fangen. Aber immer, wenn sie vorbeikommen, sitzt der alte Mann nur ganz ruhig da und schließt das ihm verbliebene Auge. Es ist jedes Mal das gleiche. Die weißen Männer stehen für eine Weile herum und starren in Midinaris ruhiges vernarbtes Gesicht. Sie beschließen dann, daß sein Schweigen »ja« heißt und leeren ihre Taschen auf den Boden. Ein Stapel Schätze liegt dann dort ausgebreitet – Getränkedosen, Tabak und Streichhölzer, Würfelzucker und Kekse –, aber Midinari... er würde das Auge nicht einmal öffnen, wenn ein ganzer Berg des nutzlosen Zeuges der Weißen vor ihn hingekippt würde. Die Fliegen summen um Midinaris Gesicht und kleben auf dem roten Fleck seiner Wunde. Er hebt keine Hand, nicht einmal, um die lästigen Insekten zu vertreiben. Die weißen Männer gehen zu ihren Autos und pfeifen nach mir, damit ich einsteige, um ihnen die Pfade durch das Land zu zeigen. Jedesmal ist es so – immer wieder –, und Midinari bleibt bewegungslos.

Fern am Horizont zeigen sich dicke Wolken von einem Ende des Landes zum anderen, aber es wird lange dauern, bevor sie sich vom Meer entfernen und über dem brennenden Himmel zusammenballen werden. Die Sonne ist schon im Nebel gefangen, nur ein einziger Strahl hat den Weg gefunden, um einen Punkt hinter dem weit entfernten Mangrovenwald zu beleuchten. Dort wird am Ende des Tages die Sonne ins Meer plumpsen und für eine weitere Nacht ruhen. Vor der weit entfernten Wolkenwand sollte sich der Berg Djangau abzeichnen… Ich wundere mich, daß ich ihn nicht sehen kann. Diesen Berg hat unser erster Traumzeit-Ahne ins Land gebracht. Er kam vom weit entfernten Meer, um das Land zu formen und unserem Volk beizubringen, wie man darauf lebt. Er schuf den Berg so hoch – sein Gipfel stößt in den weißen Bauch der Wolke –, damit ihn die Menschen der Reyun- und Galpu-Stämme meilenweit sehen können. Man kann mit einem Blick auf den Berg genau feststellen, wo man ist, so daß man nicht in die Irre gehen kann.

Bald wird die Regenzeit kommen. Nicht heute oder morgen – aber bald. Zuerst wird es einen gewaltigen Platzregen geben, und dann werden die Wolken tiefer ziehen und das Bild des Himmels für viele Monate bestimmen. Sie werden den Regen auf Erde und Felsen ergießen, um das Land zu neuem Leben zu erwecken, aber… einiges in diesem zerstörten Land könnte durch noch so viel Regen nicht wiedererweckt werden. Verstehst du? Ein großer Teil des Landes ist gerodet worden. Von hier aus so weit das Auge sehen kann und wahrscheinlich noch weiter. Kaum ein Baum ist übriggeblieben. Am unteren Teil des Marngu-Flusses… obwohl, jetzt gibt es dort keinen Fluß mehr, nur noch Hügel von frisch aufgerissener, wunder und roter Erde. Die Ältesten sagen, daß die Erde Blut und Eingeweide hat, wie ein Mensch und andere Lebewesen auch. Aber entweder weiß das der weiße Mann nicht, oder es kümmert ihn nicht im geringsten. Sie brettern mit ihren riesigen Maschinen übers Land und reißen es auf. Übrig bleibt ein riesiger Leichnam mit einem Bauch aus rotem Ocker. Gewaltige Felsen liegen über das kahle Land verstreut. Obwohl die Weißen die Erde umgegraben und weggebracht haben, so daß das Land wie ein ausgetrockneter Meeresboden aussieht, sind die großen Felsen sogar für die metallenen Biester eine zu harte Nuß zum Knacken. Bei einer Sprengung bricht hier und da ein großes Stück ab, und die Zeichen der gigantischen Metallzähne sind manchmal noch als Narben auf der Felsoberfläche zu sehen, aber dennoch bleiben die Felsen stehen. Verstreut übers Land, sehen sie aus wie eine Gruppe Schildkröten aus der Zeit unserer Traumzeit-Ahnen, von Geistwesen in Felsen verwandelt. Ja... wenn dieses Land je wieder zum Leben erweckt werden soll, wird *marngit* einen mächtigen Gesang anstimmen müssen, um derartig schreckliche Wunden zu heilen.

Der Schwarm der Flughunde ist zurück. Sie fliegen so niedrig, daß ich ihre Flügel über meinem Kopf spüren kann. Sie schreien wie Kinder, die man tagelang ohne Nahrung gelassen hat. Sie sollten tagsüber nicht unterwegs sein – sie jagen nur nachts nach Futter. Aber vielleicht können sie mit leerem Bauch nicht schlafen. Es gibt keine beerentragenden Büsche mehr, und die Mangrovensümpfe, die sich bis zum Meer erstreckten, sind verschwunden. Alles, was hier überleben möchte, sollte lernen, sich von Staub und Steinen zu ernähren. Das kleine *yudu*, Kind, wird

wieder aktiv. Wie der treten kann! Über diesen rauhen Boden zu gehen, der mit Steinen und loser Erde bedeckt ist, ist trügerisch. In den tieferen Löchern hat sich Staub angesammelt, und ich erkenne die Löcher erst, wenn mein Fuß hineinplumpst. Ich muß für eine Weile anhalten und mich gegen diesen Felsen lehnen, um wieder zu Atem zu kommen. »Langsam, langsam, mein Kleiner, diese harten Stöße tun weh. Ich habe das Land nicht so rauh gemacht. Sagte ich dir, daß ich mir einen Namen für dich ausgedacht habe? Ruria. Das müßte gut klingen, und mein *wawa*, Bruder, heißt so. Er ist der beste Fährtenleser im ganzen Land, weißt du, davon sind sogar die Weißen überzeugt. Letzte Nacht träumte ich von ihm. Er war irgendwo hier in diesem kahlen Land und hatte einen *ganinjari*, einen Grabstock, so wie ihn unser erster Mann, Djangau, hatte, als er kam, um damit das Land zum Leben zu erwecken. Djangau half den Pflanzen ins Leben, und in meinem Traum versuchte Ruria dasselbe zu tun. Aber der Boden war zu felsig und hart, und er bekam an beiden Händen Blasen. Dennoch gelang es ihm, hier und da ein Loch in die Erde zu kratzen, und aus jedem wuchs eine winzige *marin*, Kohlpalme. Aber die Pflanzen waren krank – so als ob sie außerhalb der Jahreszeit und in der falschen Erde gekeimt hätten. Die dünnen Palmwedel, gelb wie der Mond, hingen schlaff herunter und wurden trocken, bis nichts mehr von der *marin* übrig war als ein Fleck ausgetrockneten Grüns, aus dem die Sonne den letzten Lebenstropfen gesogen hatte.

»Das ist kein Lebensraum mehr für uns, kleiner Ruria. Dieses Tal, das immer grün und voller Schatten war, wird nie wieder so sein, außer in unseren Träumen. Dann werden wir einmal mehr erkennen, wie lieblich und wertvoll es war – nicht nur für den Menschen, sondern auch für die Geistwesen.«

Durch diesen unteren Teil des Landes wand sich der Marngu-Fluß wie eine Schlange und hinterließ hohe Bäume und tiefe Teiche mit dunklem Wasser. Die Äste träumten und neigten sich über diese Spiegel; sie bewunderten ihre Blätter und Blüten, die von der ruhigen Oberfläche des Wassers reflektiert wurden. Dort drüben stand ein riesiger Baum... nein, weiter oben... bei diesem Felsen. Der Baum war innen fast hohl, und auf halber Höhe hatte ein abgestorbener Ast eine Öffnung hinterlassen, wo ein Bienenschwarm immer ein- und ausflog. »Du wirst es auch sehen, mein Junge, nicht hier, aber die Geistwesen werden es dir in deinen Träumen zeigen. Aber bitte sag den Weißen nichts davon. Sie spielen verrückt, wenn sie glauben, daß du etwas wüßtest, was sie nicht wissen.«

Ich frage mich, ob Ruria, mein Bruder, aus dem Knast raus ist. Es sind so viele Jahreszeiten vergangen, seit sie ihn ins Gefängnis steckten. Als ich das letzte Mal beim Krankenhaus vorbeikam, besuchte ich ihn, aber der Sergeant war sehr ungeduldig und wollte mich nicht länger als ein, zwei Augenblicke mit Ruria sprechen lassen. »Los, beeil dich – bald wirst du ihn wiederhaben und dein kostbares Land dazu – den ganzen verdammten Mist.« Der weiße Mann lachte höhnisch. Jetzt verstehe ich erst, warum...

Sie hätten Ruria schon lange freilassen sollen. Er hatte nichts Schlimmes getan. Er ließ den armen Midinari raus, das stimmt, aber der alte Mann war bereits ein harmloses Wrack. Ich verstehe nicht, daß das den Sergeant so wütend machte, so daß er statt dessen meinen *wawa*, Bruder, ins Gefängnis stecken mußte und ihn schon so lange behält – obwohl er Tag und Nacht quer durchs Land Männer und Dingos für die Weißen aufgespürt hat.

»Halt ein, Kleiner. Das tut weh.« Wir sollten hier rasten. Es wird schon dunkel, und man kann nur noch die Felsspitzen und die dunklen Schatten dazwischen sehen. Wir wollen uns hier in den Staub legen und uns für die Nacht zusammenrollen, obwohl die lärmenden *margu*, die in der Dunkelheit schreien und flattern, mich vermutlich eine Weile wachhalten werden. Wenn Ruria aus dem Gefängnis rauskommt, wird es hier draußen hart für ihn werden, es sei denn... die Weißen hätten ihn gelehrt, mit Steinen als Nahrung zu überleben. Wenn ich ihn diesmal sehe, werde ich ihm sagen, daß er zu uns kommen muß. Galpu ist immer noch ein großes Land, obwohl uns, den wahren Eigentümern, nur das äußerste Ende, der hügelige Teil, überlassen wurde. Ich bin sicher, daß Midinari froh sein würde, Ruria um sich zu haben.

Der Knabe ist eingeschlafen. Ich darf mich nicht bewegen oder zu tief Luft holen, damit ich ihn nicht störe. Das hat das letzte *yudu*, Kind, zu sein. Purelko, Lanygara, Urbudal, Ngadu, Dugar, Eanibugei und jetzt Ruria – aber wenn mein *wawa* bei uns lebt, kann er den Weißen, wenn sie wieder mit dem Auto kommen, in ihrer eigenen Sprache sagen, daß in unserem Teil des Landes keine *urban* leben. Er kann ihnen mitteilen, daß die Hügel für Emus zu steil sind und dort kaum Samen oder Beeren wachsen. Und ich werde nicht mehr mit den weißen Männern mitgehen müssen. Sie können ihre Dosen, ihre alten Kleider und den Tee wieder mitnehmen… sie brauchen ihren Sack erst gar nicht zu öffnen. Wir werden wieder *ganinjari*, Grabstöcke, machen. Midinari kann das mit seiner Steinaxt tun, so wie die Männer es in alten Zeiten taten. Und ich werde durch den Busch laufen und die Erde aufkratzen, bis ich einen Sack voll Wurzeln und Gräser gesammelt habe. Wir werden mit dem überleben, was das Land uns freundlicherweise gibt.

Eine Windhose wirbelt über den leeren Streifen kahler Erde vor mir, treibt eine riesige Staubsäule himmelwärts und zerstreut sie… aber schau – der Berg Djangau ist weg! Da ist nichts – nichts als ein leerer Raum. Es sieht aus, als ob ein Stück Himmel und Land weggerissen wurde, um die Sicht auf das dahinterliegende Land freizugeben. Ein Haufen Felsen, große und kleine, ist zurückgeblieben – Krümel des Hügels, der sich hoch in den Nebel erhoben hat, seit ihn die Geistwesen hier hingesetzt haben. Ein ganzer Berg kann nicht einfach schrumpfen – nein, Felsen sind zu hart für so etwas. Das müssen die Weißen gewesen sein. Haben sie ihn geradewegs über das Meer in ihr eigenes Land gezogen? Vielleicht wollen sie dort für sich einen neuen Berg errichten, aber nein, ich glaube, Midinari und die anderen Männer haben recht. Die Weißen brauchen die Felsen, um sie zu Staub zu mahlen. Ob es in ihrem Land keinen Staub gibt? Darüber darf ich nichts sagen. Es wird Midinari zornig machen und… seine Tage sind gezählt. Die Geistwesen werden ihm noch früh genug erzählen, was mit dem Land passiert ist, und sie werden es besser erzählen als ich.

»He, halt, halt, mein Junge. Jetzt dauert es nicht mehr lange. Schau, das Krankenhaus ist höchstens noch ein, zwei Ruflängen entfernt.«

Es scheint niemand dort zu sein. Vielleicht dösen die Weißen nach einem guten Mittagessen, oder vielleicht sind sie zur Bucht hinuntergegangen in der Hoffnung auf eine frische Brise vom Meer. Die Sonne setzt den Weißen zu – sie färbt ihre helle Haut rot, läßt sie keuchen und schwitzen –, aber sie scheinen unfähig zu sein, von den Tieren zu lernen, daß man in der Hitze nicht rumrennt. Während des Tages sollten sie sich an schattigen Plätzen aufhalten und nur im Morgengrauen und in der Dämmerung herauskommen, wenn die Luft kühl und angenehm ist.

»Sei nicht so wild mit mir, kleiner Ruria. Warte noch ein bißchen, dann wird die Krankenschwester dir zulächeln, dir ein schönes Kinderbettchen zum Ausruhen geben, dich füttern... und wenn du ein bißchen größer bist, wird sie dir Würfelzucker und süße Getränke geben. Sie haben dosenweise Coca-Cola im Krankenhaus, weißt du.«

Ich frage mich, ob sie meinen *wawa* herausgelassen haben, um ein bißchen Seeluft zu schnappen. Diese Gefängnishütte aus Blech und schwerem Eisendraht muß ein kochender Kessel sein. Sicher werden sie ihn dann und wann herauslassen, um Luft zu schnappen – wenn auch nur, um sicherzugehen, daß er am Leben bleibt.

»Hab Geduld, mein Kleiner. All die anderen *yudu* sind hier in der Nähe – Purelko, Lanygara, Urbudal, Ngadu, Dugar und Eanibugei. Auch wenn die Weißen sie anders nennen, ihre Haut trägt den Stempel ihrer und deiner Ahnen. Sie sind deine Brüder und Schwestern, wie auch immer der weiße Mann sie bezeichnet.«

Was ist los? Die Gefängnishütte ist nicht mehr da, das Speergras ist in dem verlassenen Lager hoch gewachsen, und eine alte Decke, die der Wind um den zerrissenen Drahtzaun geschlungen hat, flattert von seiner Spitze. Dahinter, die Bucht einrahmend, sollte halb im Schatten versteckt eine Reihe Hütten stehen... aber was ist übrig? Ein Pfosten oder zwei, ein paar Wellbleche, ein Haufen Flaschen und ein großer Fleck auf dem Boden – mehr nicht.

Ein Schwarm *margu* stößt aus einem zerbrochenen Fenster des Krankenhauses herab. Aber einer, vielleicht durch das reflektierende Sonnenlicht irritiert, wird zappelnd auf dem zerbrochenen Glas aufgespießt. Am Ende fällt er auf das Gras draußen, seine Flügel flattern wie zerrissene Segel. Sie hinterlassen eine Blutspur und den trockenen Geruch von Staub.

Für eine Weile ist das Wimmern einer verwundeten Seele zu hören, aber plötzlich ist alles still. Der Staub setzt sich, und das Blut wird in der hellen Sonne trocken und hart.

Wirgul, die Tochter

Ob die Weißen viel darüber wissen, in welcher Gestalt wir leben? Besser, wenn sie es nicht wissen, denn ich habe mich in einen Emu verwandelt. Ich bin nicht kleiner geworden und habe immer noch zwei lange Beine und einen rumpelnden, hungrigen Bauch. Und was die Kleidung betrifft – Federn sind dick und warm. Mein Hals ist gestreckt worden. Er fühlt sich an wie eine dicke umherschwingende Efeuranke mit einem Kopf obenauf.

Ob Baba, mein Vater, verärgert ist, daß ich kein Mädchen mehr bin? Er sagt nichts, und ich glaube nicht, daß er sich je beschweren wird. Blinde reden nicht darüber, wie andere aussehen. Ich werde gut daran tun, nicht zuviel herumzugackern und ihn damit zu verwirren. »Laß uns wieder spielen.« Er näßt mit der Zunge die Lippen, nimmt ein Eukalyptusblatt dazwischen – und bläst eine Melodie.

Ich muß den Blattgesang mit dem Klappern meines Schnabels begleiten. Die Töne, die ich mache, bleiben hinter seinen zurück. Ich muß vorsichtig sein, damit ich mir nicht mit dem Schnabel auf die Zunge beiße. Früher, als ich noch eine menschliche Gestalt hatte, hatte ich *bilma*, die Klanghölzer – ein ziemlich altes Paar, das ein Stammesältester Baba gegeben hat. Die Hölzer müssen sehr alt gewesen sein: Wenn man sie hielt, fand jeder Finger in einer Mulde Platz, die durch menschliche Berührung entstanden war. Schade, daß ich sie nie mehr werde halten können. Hoffentlich tönt das Klappern meines Schnabels ähnlich dem der *bilma* und ärgert meinen Vater nicht. Was auch immer mit meiner Gestalt passiert ist, ich bin immer noch *wirgul*, seine Tochter.

Eine Münze fällt in die Schüssel und kommt klingend auf dem Boden des leeren Behälters zur Ruhe. Baba vergißt nie, sich in Richtung des Passanten zu verbeugen, sobald er den Ton einer Münze hört. Ich lächelte und verbeugte mich gewöhnlich auch, jetzt erwartet man das nicht mehr von mir.

»Schaut, jetzt ist der Apostel ganz verrückt geworden!« Es ist eine Horde junger Weißer, die jeden Mittag auf dem Bürgersteig entlangkommt und ein oder zwei Knöpfe in die Schüssel schmeißt, nie eine Münze. Gestern baten sie Baba, ihnen zu zeigen, wie man auf dem Blatt spielt. Sie werden es nie lernen – die Eukalyptusbäume hier sind anders als die aus Djabu, unserem Stammesland. Die Blätter sind nicht die gleichen – sogar der arme Vater muß sich anstrengen, den Ton in eine Melodie umzuwandeln, die den Weißen gefällt.

Ein junger Mann schmeißt einen Apfelbutzen in die Schüssel: »Apostel, laß sie einen Bauchtanz vorführen – sie wird auf dem Beton einfrieren, wenn sie still steht.«

Ja, es ist sehr kalt. Glücklicherweise habe ich ein dickes Federkleid, das mich warmhält. Und Baba hat eine abgetragene Decke über seinen Schultern, die allerdings nicht viel zu nützen scheint. Seine Lippen sind blau geworden, und seine Augen tränen beide. Schnee ist gefallen – nicht hier, aber die Hügel hinter der Stadt sahen heute morgen aus, als ob jemand sie mit Kakadufedern bedeckt hat.

Baba hört auf, auf dem Blatt zu blasen. Er reibt seine tränenden, milchigen Augen und beeilt sich, seine zitternde Hand unter die Decke zu stecken. Er weiß, daß Schnee in der Luft liegt. Er muß es früh am Morgen gemerkt haben, als wir aus unserem Unterschlupf gekrochen sind. Er rannte eine Weile hüpfend den Grünstreifen an der Straße entlang und flüsterte: »Keine Sorge, in der Stadt fällt nie Schnee.«

Wie lange dauert hier der Winter? Vielleicht länger als die Regenzeit im Busch, wo wir herkommen. Er hat mir noch nicht gesagt, warum Schnee fällt und kein Monsunregen – vielleicht sehen die Weißen die Hügel über der Stadt lieber in heller Farbe. Als er in unserem Stammesland lebte, hat Baba Schnee kaum erwähnt, auch sprach er nie von der Stadt. Jede Seele in Djabu weiß, daß er aus der Welt des weißen Mannes kam und zu lange im Busch blieb. Er aß süße Kartoffeln, in heißer Asche gebacken, und seine Haut wurde so dunkel wie unsere. Der Geistwesen-Boß der Weißen war zornig, daß er sich unter uns mischte und belegte ihn mit einem Fluch: »Verdammte Bindehautentzündung« nennt Baba ihn.

Einige weitere Münzen fallen in die Schüssel – eine Gruppe von Leuten hat sich versammelt, um mir zuzuschauen, wie ich mit dem Schnabel klappere. Ich darf meinen Kopf nicht allzusehr hochheben, die Weißen könnten Angst kriegen, daß ich nach ihnen picke.

Haben sie schon jemals einen Emu gesehen? Vielleicht lebt der Vogel nur im Busch. Da tut er gut dran – diese schneebedeckten Hügel mögen hübsch und freundlich aussehen, aber niemand ißt das eisige Zeug.

Die Leute wollen ein Foto machen – ich soll näher zu Baba rücken und meinen langen Hals gegen seinen Arm lehnen, während wir spielen. Seine Stimme ist dünn geworden, und sein Körper ist geschrumpft. Auch er wird den Schnee hassen. Wenn man in einem warmen Land lebt und die meiste Zeit seines Lebens unter einem Baum schläft, muß einem die Stadt eigenartig vorkommen, egal, welche Farbe die Haut hat.

Die Weißen haben ihre Fotoapparate weggepackt, aber bevor sie gehen, zieht mir jeder ein paar Federn raus. Ich habe nichts dagegen, ein oder zwei abzugeben, aber heute ist es sehr kalt, und ich möchte nicht so viele hergeben. Eine Hand aus der Menge greift nach meinem Rücken – noch ein paar mehr dieser Grabscher, und es wird nur Gänsehaut übrigbleiben. Ich sollte mich hinter Baba verbergen, wenn die Weißen da sind – meinen Kopf unter seinen Arm stecken und mit dem Schnabel klappern. Vater wird mich sicher beschützen. Er war immer nett zu den Vögeln, seit er ins Djabu-Land kam und seine Hängematte unter einem Banyan-Baum aufhing. Wann immer er gekochte *muwugu*, süße Kartoffeln, aus der heißen Asche nahm, legte er ein Stück auf die Seite. Ein Paar *wanba*, Tauben, hockte oft auf den niedrigen Ästen, darauf wartend, daß er sie mit dem Ton des Eukalyptusblattes rief. Dann kamen sie herunter, landeten auf seinem Arm und pickten an dem Futter.

Einer der Passanten reichte etwas rüber, das wie Würfelzukker aussah, aber es schmeckte… es war das Ende einer brennenden Zigarette, das sie in meinen Schnabel steckten! Ich will mich nicht beschweren. Baba hat schon genug Sorgen, und seine wenigen übriggebliebenen Zähne klappern laut. Ist es Furcht oder Kälte, die seinen Mund zittern macht? Ich wünschte, wir wären nie in die Stadt gekommen – im Busch war er viel glücklicher. Die Stammesältesten hatten ihn gerne um sich – vielleicht weil er *wanba*, unser Totemtier, fütterte. Man gab ihm eine junge Frau, die für sein Lagerfeuer sorgte und kochte. Seine Hängematte hielt viele Regenzeiten, und als sie zerfiel, beschaffte er sich keine neue, sondern grub für uns alle eine Kuhle in den Boden, in der wir uns in den kalten Nächten zusammenrollen konnten, wie das jede schwarze Familie tut.

»Wir gehen bald in den Busch zurück.« Baba steckt seine Hände fest unter meine Federn, um sie warmzuhalten. Seine Zähne klingen jetzt noch lauter – Kieselsteine, die in einer leeren Schüssel klappern. Schade, daß Mutter nicht bei uns ist. Sie wußte, was ihm guttut. Als wir im Busch lebten und das Wetter kalt wurde, buk sie immer *ngadu*, einen großen Fladen, in der heißen Asche. Er hielt das dampfende, heiße Essen nah ans Gesicht: »Es riecht so süß wie Nektar.« Fladen schmecken manchmal bitter, wenn die Farnpalmen-Nüsse, aus denen sie gemacht werden, nicht richtig in Wasser eingeweicht wurden – aber es war die Wärme, nicht die Nahrung, die zählte.

Aua, meine armen Federn! Ein Passant hat eine ganze Handvoll ausgerupft. Eine Stelle auf meinem Rücken ist bereits kahl, und der kalte Luftzug läßt die zarte Haut erstarren. Wenn ich in Djabu wäre, würde ich mich wehren, aber hier würde ich nicht mal nach einer Qualle picken!

Seit einer Weile ist keine Münze mehr in der Schüssel gelandet. Das Eukalyptusblatt hört sich vielleicht nicht mehr so sanft für weiße Ohren an wie vorher. Oder... die Leute könnten von meinem Schnabelklappern ferngehalten werden. Ich bezweifle, daß die Schüssel je voll wird. Aber das spielt jetzt vielleicht auch keine Rolle mehr. Gestern sagte Baba, daß ein ganzer Sack voll Münzen nötig ist, um den weißen Medizinmann zu bezahlen und den Fluch der Bindehautentzündung loszuwerden. Schade, daß *marngit* nicht helfen konnte... Er fragte nicht nach Münzen, wollte nicht einmal ein Stück Fladen nehmen, das Mutter in

Bananen-Blätter gewickelt zu ihm trug: »Es ist der Fluch des weißen Mannes, nicht unserer«, sagte er. Der Medizinmann sang viele Tage lang und meinte, daß Vater, wenn es mit den Augen nicht besser würde, den Geistwesen-Boß des weißen Mannes bitten müßte, ihn von dem Fluch zu erlösen.

Baba sitzt jetzt auf dem Betonpflaster und lehnt sich schwer gegen mich. Er versucht irgendetwas zu sagen und hat seinen Mund noch offen, aber plötzlich ist er ohne ein Wort eingenickt. Eine seiner Wangen zittert kurz, bevor auch sie zur Ruhe kommt. Soll er für eine Weile schlafen. Letzte Nacht kampierten wir in einer großen Betonröhre, zugig und kalt. Die wenigen Zähne in Babas Mund klapperten unaufhörlich und ließen nur ein gewispertes »Laß uns morgen in den Busch zurückkehren« durch.

Vielleicht sind wir schon heute nachmittag auf unserem Weg zurück nach Djabu. Es sind genug Münzen für einen Laib Brot in der Schüssel. Es wird jedoch eine lange Reise werden – unser Land und die Stadt hier, das sind zwei verschiedenartige Welten, so viele Lager weit voneinander entfernt, daß keine schwarze Seele sie je zählen könnte. Mutter hat Marngit einmal gefragt, wie weit man reisen müsse, um des weißen Mannes Heiler zu erreichen, und wurde belehrt: »Viel weiter, als wir es uns vorstellen können.«

Eine von Babas Händen greift nach meinem Federkleid, verliert an Kraft und rutscht an den Federn herunter. Die Haut auf seinen Armen ist aschgrau geworden, kaum zu unterscheiden von dem Kreuz, das auf sein Handgelenk tätowiert ist. Dieses Zeichen war schon da, bevor er in unser Land kam. Vielleicht ist er damit geboren. Mutter wurde belehrt, daß das Kreuz das Totem des weißen Mannes ist. Es ist gut, daß das tätowierte Zeichen verblaßt. Im Busch fluchte Vater oft: »Ich kann gut ohne dich hier leben«, und er versuchte ärgerlich, das Zeichen mit Sand von seinem Arm zu rubbeln.

Die Meute Jugendlicher ist zurück. »He, Apostel, laß deinen Vogel einen Bauchtanz vorführen.« Warum geben sie ihm einen so merkwürdigen Namen? Vielleicht wegen der Riemensandalen oder wegen der alten Decke, die um seine Schultern hängt. Es ist gut, daß Baba eingenickt ist – dieser Spitzname gefällt ihm nicht. Ich kenne die Sprache des weißen Mannes nicht gut genug, um zu wissen, was sie meinen, aber ich fühle, daß es Vater verletzt.

Einer der Jungens kitzelt die kahle Stelle auf meinem Rükken: »Laßt uns die Nackte ein bißchen ärgern.« Ein anderer Jugendlicher greift nach der Schüssel. Nachdem er sie geleert hat, kickt er dagegen, und sie rasselt übers Pflaster. Baba sagt nichts, obwohl sein Gesicht sich bewegt. Sein Mund ist offen, die Mundwinkel dehnen sich, aber sie stoppen, bevor er sprechen kann. Vielleicht... ja, alle alten Männer sehen gleich aus, wenn sie sterben, egal, welche geistige Welt ihnen bestimmt sein mag.

Zwei Männer in weißen Kitteln stürzen aus einem Kastenwagen, der mit einem roten Kreuz versehen ist. Einer von ihnen stößt seine Schuhspitze in Babas Körper und sagt: »Der alte Scheißkerl hat den Löffel geschmissen.«

Babas Augen bleiben offen. Eine weiße Hand zwingt die Augenlider runter, aber die Haut springt gleich zurück und offenbart ein Paar milchige Pupillen in dunklen Höhlen. Die Augenlider werden wieder runtergedrückt, nur um wieder hochzuschnellen. Die Männer murmeln ein paar ärgerliche Worte und stoßen Babas Körper in den Kastenwagen. Vielleicht wollen die Weißen verhindern, daß Vater sieht, wohin er gebracht wird, aber er versucht ihnen zu sagen, daß die ganze Welt eines Mannes im Dunkeln versinkt, wenn er unter dem Bindehautentzündungs-Fluch steht.

Ich muß eine dunkle Ecke finden, in der ich mich für den Rest des Tages verstecken kann. In der Dämmerung mache ich mich eilends auf in den Busch. Obwohl unser Land so viele Lager weit entfernt ist, werde ich es schaffen. Emus haben gute Beine. Die Seele der Toten reist viel schneller als Vögel fliegen – wenn ich in Djabu ankomme, hat Baba vielleicht schon einen Stapel Brennholz für ein Lagerfeuer gesammelt.

NACHWORT

Die Geschichten in dem vorliegenden Band *Babaru* spielen zu einer Zeit, als für die Ureinwohner Australiens das harmonische Leben im Einklang mit der Natur und ihren Jahrtausende alten Traditionen und Mythen bereits unwiederbringlich verloren war. Ihre nach neuesten wissenschaftlichen Erkenntnissen zwischen 80.000 und 100.000 Jahren alte Kultur hatte durch den massiven Eingriff der weißen Siedler eine krasse, lebensbedrohende Veränderung verfahren. Die Aboriginals wurden gezwungen, die Lebensweise der Einwanderer unhinterfragt zu übernehmen. Man erwartete, ja verlangte von ihnen, das Unterfangen der Weißen anzuerkennen, sie von der vermeintlich untersten Stufe der menschlichen Evolutionsskala endlich in die segensreiche Zivilisation und das allein seligmachende Christentum zu führen. Der Segen der Zivilisation bestand für die Ureinwohner weitgehend darin, daß heilige Totemstätten und ganze Stammesgebiete von multinationalen Konzernen aus wirtschaftlichen Gründen zerstört wurden (seit 1970 z.B. durch forciert betriebenen Uranabbau besonders im Norden Australiens). Und das allein seligmachende Christentum mit seinem Boß Jesus an der Spitze nahm sich das Recht heraus, den Schwarzaustraliern noch bis ins Jahr 1960 die Kinder wegzunehmen, um sie in Missionsstationen europäisch zu erziehen, ihnen ihre Andersartigkeit auszutreiben und sie von ihren traditionellen Wurzeln abzuschneiden. (Der Hohe Gerichtshof des Landes hat gerade bestätigt, daß dieses Vorgehen verfassungsgemäß war und nicht belangt werden kann.)

Schriftsteller wie B. Wongar, der diese Entwicklung in ausdrucksstarker Sprache und schmerzlich-bildhaften Schilderungen festhält, haben mitgeholfen, daß im fünften Kontinent ganz langsam ein Umdenken stattfindet. Die Nachfahren der ehemals etwa 500 verschiedenen Stämme entwickeln allmählich soviel Selbstbewußtsein, daß sie beginnen, sich gegen das Unrecht zu wehren. Nachdem die ersten weißen Eindringlinge 1788 den Kontinent zur *terra nullius*, zum unbewohnten Niemandsland, erklärt hatten, mußte das höchste Gericht des Landes mittlerweile die Aborigines als die eigentlichen Besitzer anerkennen. Die Politik der Assimilierung wurde zugunsten des Versuchs der Integration geändert, doch die Aboriginals haben die klare Botschaft gegeben, daß sie für ihr Volk die Selbstbestimmung möchten. Man kann annehmen, daß eine Lösung dieser Problematik einem Drahtseilakt gleicht und keineswegs in naher Zukunft liegt.

Wie B. Wongar in vielen Geschichten betont, ist die schwarze Welt zu verschiedenartig von der weißen. Das Leben gestaltet sich fest umrissen innerhalb der von den Traumzeit-Ahnen vorgegebenen Richtlinien. Sagen und Mythen erklären die Entstehung von Himmel und Erde, und die Tradition hat gelehrt, wie man im Einvernehmen mit der Natur den Lebensraum optimal nutzt, respektiert und erhält. Der schwarze Mann *weiß* um seine Geistwesen, sein nachtodliches Leben, seine Wiedergeburt. Der weiße Mann *glaubt* (vielleicht) an seinen Geistboß Jesus und betet ansonsten mit Vorliebe die materiellen Güter an, für deren Gewinnung er bereit ist, die Umwelt gnadenlos zu zerstören.

Die *Traumzeit* – die Zeit, als die Geistwesen den fünften Kontinent schufen – zieht sich als bis in die Gegenwart wirksamer roter Faden durch alle Geschichten von *Babaru*. Sie ist das Fundament der Aboriginal-Kultur. Man wußte, was einen erwartete, wenn man die Stammesregeln für ein friedliches Zusammenleben einhielt und die Richtlinien der Traumzeit-Ahnen befolgte. Gondwanaland, der Kontinent, der vor rund 120 Millionen Jahren auseinandergedriftet ist und dabei auch Australien bildete, wurde laut den Mythen der Aborigines von den Helden ihrer Traumzeit geschaffen. Diese Traumzeitgeschichten sind damit der älteste einheitliche religiöse Glaube eines Volkes. Der von den Traumzeit-Ahnen vorgeschriebene Lebensplan war über Jahrtausende hinweg bindend für alle Stämme und wurde von Generation zu Generation durch Lieder und Zeremonien überliefert.

So glaubt man z.B. im Nordterritorium, daß die Regenbogenschlange nach einem langen tiefen Schlaf im Bauch der Erde an die Oberfläche kam und durch ihre schlängelnden Bewegungen Vertiefungen für die Seen und Flüsse hinterließ, um Leben zu schaffen. Je nach Region gibt es verschiedene Geistwesen und

Kulthelden. Einige stiegen vom Himmel herab oder kamen übers Meer, um auf ihrer Reise durch den Kontinent mit ihren übernatürlichen Kräften dem Land seine heutige Gestalt zu geben. So ist es zu erklären, daß jeder Berg, jedes Tal, jeder Fluß und jegliche Besonderheit in der Natur eine eigene Traumzeitgeschichte besitzt. Auf ihren Wanderungen durch die Stammesgebiete verwandelten sich die Traumzeitwesen immer wieder in bestimmte Tiere, Pflanzen und Felsen, die dann zu den Stammestotems wurden.

Nach dem Glauben einiger Stämme wird nach dem Tod ein Seelenteil (Totem-Seele) eines Verstorbenen als Geistkind, Tier, Pflanze oder Felsen wiedergeboren, während der andere Seelenteil (spirituelle Seele) zu den Schöpferwesen und Traumzeit-Ahnen ins Land *Bralgu*, das Toten- oder Ahnenreich, geht. Des weiteren gibt es manchmal noch einen Seelenteil, der im Stammesgebiet bleibt und als Geist herumwandert – die Egoseele, die sich vom Irdischen nicht lösen will.

Die Aboriginals sehen die Welt als Einheit, in der Land, Menschen, Tiere und Pflanzen lediglich verschiedene Erscheinungsformen des gleichen ewigen Lebenskreislaufes sind, der sich gegenseitig bedingt, durchdringt und miteinander verbindet.

B. Wongar, in Jugoslawien geboren und 1960 nach Australien ausgewandert, heiratete in einen Aboriginal-Stamm ein und kämpfte schreibend gegen die Assimilationspolitik der Regierung. Das trug ihm bald ein Schreibverbot ein, und zeitweise mußte er sich sogar versteckt halten. Seine Bücher, die von Schriftstellerkollegen wie Amira Baraka, Simone de Beauvoir oder Peter Handke hoch gelobt werden, waren bereits im Ausland erschienen, bevor sie Ende der 80er Jahre in Australien publiziert werden durften.

Wongars Geschichten ziehen den Leser in ihren Bann, ohne mit pathetischen und anklagenden Adjektivreihungen arbeiten zu müssen. Er ist im Gegenteil ein Meister der reinen Darstellung und der äußersten Reduktion, der in ein, zwei Nebensätzen ganze Lebensschicksale und Zusammenhänge sichtbar machen kann. Packend, bildhaft und mit zum Teil subtiler Ironie gestaltet Wongar Geschichten von großer Aussagekraft und Anteilnahme.